人员密集场所安全管理培训教材

刘言刚　编著

气象出版社

图书在版编目(CIP)数据

人员密集场所安全管理培训教材/刘言刚编著.
—北京:气象出版社,2008.8
ISBN 978-7-5029-4575-6

Ⅰ.人… Ⅱ.刘… Ⅲ.公共场所—治安管理—中国—技术培训—教材 Ⅳ.D631.43

中国版本图书馆 CIP 数据核字(2008)第 124328 号

Renyuan Miji Changsuo Anquan Guanli Peixun Jiaocai
人员密集场所安全管理培训教材
刘言刚 编著

出版发行：气象出版社	
地　　址：北京市海淀区中关村南大街 46 号	邮政编码：100081
总 编 室：010-68407112	发 行 部：010-68409198
网　　址：http://cmp.cma.gov.cn	E-mail：qxcbs@263.net
责任编辑：彭海凡	终　　审：袁信轩
封面设计：博雅思企划	责任技编：吴庭芳
责任校对：张晓娟	
印　　刷：北京奥鑫印刷厂	
开　　本：850 mm×1168 mm　1/32	印　　张：6
字　　数：156 千字	
版　　次：2008 年 9 月第 1 版	印　　次：2008 年 9 月第 1 次印刷
印　　数：1～5000	定　　价：15.00 元

本书如存在文字不清、漏印以及缺页、倒页、脱页等，请与本社发行部联系调换。

前 言

2008年,中国将举办举世瞩目的北京奥运会,中国成为了世界目光的焦点,但是我国人员密集场所安全事故屡禁不绝,重特大事故时有发生。2007年12月12日,浙江温州和广东东莞发生两场大火,造成几十人死亡。2008年1月2日,新疆乌鲁木齐的德汇国际广场发生火灾,造成了人员伤亡和巨大的财产损失。然而这些事故大多数都是安全管理不到位造成的。一个微小的失误就可能酿成巨大的事故,一次不安全用电、一次不安全用火、一次管理疏忽的促销活动,可能就会付出生命和财产的代价。

我国政府高度重视人员密集场所的安全管理问题。2007年12月20日,公安部下达了《关于人员密集场所加强消防安全管理的通告》,国家安全生产监督管理总局也屡次把人员密集场所的安全问题作为工作的一个重点,写入工作规划中。规范人员密集场所的安全管理,是经营单位义不容辞的义务,为了方便大家更好地学习人员密集场所的安全管理知识,特编写了本书。

人员密集场所事故的主要形式是火灾,这是安全管理的重中之重。除了火灾,还有踩踏、坍塌、爆炸等多种形式,但是这些事故发生的概率和火灾相比较小,本书主要介绍了我国主要的人员密集场所的形式、事故的主要类型、安全管理的基本方法以及一些管理中的难点,并且摘录了一些事故案例和相关法规。本书涉及消防工作的重点,又不完全限于消防工作内容,旨在给人员密集场所经营单位的安全管理提供帮助。

在本书的编写过程中，河北省新乐建设局的李月清同志、安全咨询网张彦敏同志等给予了有力的支持，在此，对他们表示感谢和敬意。

编写有针对性的安全生产管理培训用书是一件重要工作，培训工作不同于普通的学历教育，其面对的对象是具有丰富实践经验和工作经历的人士，如何满足他们的要求，是一个极大的挑战。加之编写时间仓促和水平所限，本书可能存在不足之处，甚至错误，欢迎广大读者批评指正。

刘言刚
2008 年 7 月

目 录

前言 …………………………………………………………… 1

第一章 人员密集场所概述 …………………………………… 1
  第一节 人员密集场所定义 ………………………………… 1
    一、人员密集场所定义 …………………………………… 1
    二、人员密集场所特点 …………………………………… 2
  第二节 人员密集场所与建筑设计 ………………………… 3
    一、人员密集场所建筑物的耐火等级 …………………… 4
    二、人员密集场所防火间距要求 ………………………… 6
    三、人员密集场所建筑装修要求 ………………………… 7
  问题与思考 …………………………………………………… 10

第二章 人员密集场所的安全生产问题 ……………………… 11
  第一节 人员密集场所安全生产 …………………………… 11
    一、人员密集场所安全生产状况——火灾事故 ……… 11
    二、人员密集场所安全生产状况——踩踏事故 ……… 15
    三、人员密集场所安全生产的特点 …………………… 18
    四、人员密集场所事故的社会危害性 ………………… 22
    五、我国对于人员密集场所的安全监管 ……………… 23
    六、我国对于群死群伤事故的处理 …………………… 23
  第二节 人员密集场所安全事故分类 ……………………… 24

一、按照导致事故原因分类 …………………………… 24
　　二、按照事故类型分类 ………………………………… 26
　第三节　人员密集场所重要安全隐患 …………………… 28
　　一、厨房和炊事间 ……………………………………… 29
　　二、锅炉房 ……………………………………………… 30
　　三、变配电间 …………………………………………… 32
　　四、内部装修作业 ……………………………………… 33
　　五、严防明火 …………………………………………… 35
　　六、用电安全 …………………………………………… 37
问题与思考 …………………………………………………… 44

第三章　人员密集场所日常安全管理 …………………… 45

　第一节　人员密集场所常用安全管理制度 ……………… 45
　　一、安全责任制 ………………………………………… 45
　　二、安全例会制度 ……………………………………… 50
　　三、安全检查制度 ……………………………………… 51
　　四、安全培训制度 ……………………………………… 53
　第二节　员工安全行为管理 ……………………………… 58
　　一、规范员工安全行为的重要性 ……………………… 58
　　二、规范员工行为 ……………………………………… 61
　　三、整合安全理念 ……………………………………… 62
　　四、规范制度，养成安全行为 ………………………… 65
　第三节　人员密集场所疏散 ……………………………… 66
　　一、人员密集场所常见火灾危险性 …………………… 67
　　二、消防通道问题 ……………………………………… 68
　　三、应急照明问题 ……………………………………… 69
　　四、安全出口问题 ……………………………………… 71
　　五、疏散标志问题 ……………………………………… 74

六、应急广播问题 ································· 75
　　七、应急疏散方法 ································· 76
　第四节　人员密集场所的应急预案 ····················· 77
　　一、应急预案的作用 ······························· 77
　　二、企业生产事故应急管理体系结构 ················· 78
　　三、如何编织自己的应急预案 ······················· 80
　　四、应急演练 ····································· 81
　附录：关于人员密集场所应急救援预案的基本格式及
　　　　主要内容 ··································· 81
　问题与思考 ······································· 84

第四章　人员密集场所安全管理难点 ··············· 86

　第一节　人员密集场所的从众行为 ····················· 86
　　一、什么是从众心理 ······························· 86
　　二、人员密集场所的从众行为 ······················· 88
　　三、如何对待人员密集场所从众行为 ················· 89
　第二节　人员密集场所的人员流动的控制 ··············· 91
　　一、人员流动控制概述 ····························· 91
　　二、人员密集情况的预估 ··························· 93
　　三、人员流动的控制 ······························· 94
　第三节　公众安全意识与人员密集场所安全管理 ········· 95
　　一、安全意识 ····································· 96
　　二、公众安全意识 ································· 97
　　三、人员密集场所安全管理与公众安全意识 ··········· 102
　　四、约束顾客行为，提升公众安全意识 ··············· 104
　问题与思考 ······································· 106

第五章 人员密集场所安全事故案例 ······ 107

第一节 文化娱乐场所火灾案例 ······ 107
一、北京"蓝极速"网吧大火 ······ 107
二、河南省洛阳市东都商厦火灾 ······ 107
三、河北省唐山市古冶区随意游戏厅大火 ······ 110

第二节 商业零售火灾案例 ······ 110
一、吉林省吉林市中百商厦特大火灾 ······ 110
二、湖南省常德市桥南市场特大火灾 ······ 112
三、湖南省衡阳市衡州大厦大火 ······ 113

第三节 体育运动项目事故案例 ······ 114
一、英希尔斯堡足球惨案 ······ 114
二、美加州游乐场设备坍塌事故 ······ 115
三、俄游泳馆坍塌 ······ 115

第四节 宾馆事故案例 ······ 116
一、广东省深圳市端溪酒店"7·17"火灾 ······ 116
二、广东省汕头市华南宾馆火灾 ······ 117
三、黑龙江省哈尔滨市天潭酒店大火 ······ 117

第五节 仓库火灾案例 ······ 118
一、广东省深圳市安贸危险品储运公司清水河仓库"8·5"火灾爆炸事故 ······ 118
二、山西省运城市半坡油库大火 ······ 119
三、重庆南岸一家具厂库房大火 ······ 120

第六节 踩踏案例 ······ 121
一、北京密云踩踏事故 ······ 121
二、菲马尼拉踩踏事件 ······ 122
三、重庆家乐福踩踏事件 ······ 123
四、伊拉克巴格达灾难性踩踏事件 ······ 123

五、四川省通江学校踩踏事故 ················· 124
第七节 其他案例 ····························· 124
一、波兰展览大厅坍塌事故 ····················· 124
二、法戴高乐机场候机楼坍塌事故 ··············· 125
三、吉林省辽源市中心医院火灾 ················· 125

第六章 人员密集场所安全管理的有关规定 ········ 127

第一节 公安部关于人员密集场所加强消防安全管理的
通告 ································· 127
第二节 机关、团体、企业、事业单位消防安全管理
规定 ································· 129
第三节 集贸市场消防安全管理办法 ············· 142
第四节 公共娱乐场所消防安全管理规定 ········· 147
第五节 北京市人员密集场所安全生产五个规定 ··· 150
一、北京市餐饮经营单位安全生产规定 ··········· 150
二、北京市商业零售经营单位安全生产规定 ······· 155
三、北京市文化娱乐场所经营单位安全生产规定 ··· 161
四、北京市星级饭店安全生产规定 ··············· 166
五、北京市体育运动项目经营单位安全生产规定 ··· 170
第六节 大型群众性活动安全管理条例 ··········· 175

第一章 人员密集场所概述

第一节 人员密集场所定义

> **收益点**
> ◆ 了解人员密集场所的范围
> ◆ 了解人员密集场所的特点

一、人员密集场所定义

何谓人员密集场所？新华字典中"密集"是"使紧密，数量很多地聚集在一处"，人员密集场所也就是指数量很多的人员聚集的地方。

在 2007 年 12 月 20 日公安部发布的《关于人员密集场所加强消防安全管理的通告》中是这样定义的："本通告所称人员密集场所是指宾馆、饭店等餐饮场所，商场、市场、超市、金融和证券交易厅等商业场所，歌舞厅、影剧院、夜总会、游艺厅、网吧、洗浴等公共娱乐休闲场所，医院、学校、托儿所、幼儿园、养老院、福利院等公共服务场所，体育场馆、展览馆、博物馆、图书馆、会堂等人员集中场所，汽车、火车站候车室、港口码头候船室、机场候机厅，人员密集的生产加工车间及员工集体宿舍。"

湖北省把这类场所称为公众聚集场所，在《湖北省公众聚集场所消防安全管理规定》中这样规定："本规定所称公众聚集场所，是指公众聚集的以下单位：①影剧院、夜总会、录像厅、舞厅、卡拉OK厅、游乐厅、体育馆、保龄球馆、桑拿浴室、网吧等公共娱乐场所；②旅馆、宾馆、饭店和营业性餐馆；③商场、超市和集贸市场；④公共图书馆、博物馆、礼堂、大型展览馆、高层建筑写字楼、候车室、候机室、候船室；⑤摄影棚、演播室；⑥大中专院校和中、小学校、幼儿园；⑦医院；⑧公众聚集的其他场所。"

二、人员密集场所特点

2005年2月16日，马鞍山日报有这样一段报道：
马鞍山日报2月16日讯：（节选）

春节里，我市各大酒店除夕宴持续红红火火，许多酒店是天天客满。最有意思的是，市民对吃饭一点不"抠门"，"一掷千金"的市民比比皆是。海兴国际酒店餐饮部经理何基焱告诉记者：今年春节这几天的生意与往年相比忙了很多，顾客对菜肴要求、服务要求比较高，整体水平比去年提高了，基本上以吃海鲜、蔬菜、野山菌为主，突出绿色环保无公害的食品。一些在家里不易操作的菜肴比较受顾客欢迎。

……

相对于茶楼的清静，我市各大卡拉OK营业场所，今春家家爆满，等候唱歌的市民在吧台前排起了长队。无奈之下，一些商家为让大家都尽兴，让卡拉OK包厢按小时出租。郑女士说起唱歌，忍不住谈起年初二的经历，几个朋友晚上在酒店吃完饭不过8点多，大家不约而同地想去唱唱歌，可一路"打的"跑了雨山路、湖东路，走了一家又一家，愣是没有一家有一个空地方。与郑女士相比，陈女士年初四晚上和朋友们为等一个空包厢，在

"爱他爱她"大厅喝茶等到23点30分,还是空等一场。

上面的报道中提到了两个重点人员密集场所,一个是酒店,一个是卡拉OK厅。

酒店通过出售客房、餐饮及综合服务设施向客人提供服务,从而获得经济收益,为了更大的发展,获得更多的效益,酒店采取各种经营策略包括产品、服务、促销等手段,增大客流量。这样酒店出现了数量多、密度大的人员流动,而且这些人员流动性非常强,今天是这一拨人,明天可能是另一批人。再有酒店出现大量人员流动也不是偶尔发生,否则酒店就要关门了,可能中午有大量就餐者,也可能晚上有很多享受其他服务的,可能今天几个客户,明天就是几百人,人员大量聚集的情况经常发生。

卡拉OK厅,就是给别人提供唱歌的地方。在报道中可以看到,在春节,这个地方的卡拉OK厅出现了销售旺季,等候唱歌的市民排起了长队,也就是同样出现了数量多、密度大的人员聚集,而且这些人员流动性比较强,在经营过程中,人员大量聚集的情况经常发生。

从以上两个例子可以看出,人员密集场所具有以下特点:①人员数量多、密度大;②人员流动性强;③人员密集的情况经常发生,不是偶尔出现;④对社会公众开放性较强。

第二节　人员密集场所与建筑设计

收益点
- ◆ 人员密集场所建筑物耐火等级的要求
- ◆ 人员密集场所建筑物防火间距的要求
- ◆ 人员密集场所建筑物装修材料的要求

一、人员密集场所建筑物的耐火等级

进行耐火试验，从受到火的作用时起，到市区支持能力或稳定性、完整性或失去隔火作用时止的一段时间称为耐火极限。

耐火等级定义：指衡量建筑物耐火程度的分级标准。

根据建筑物不同性质、不同类型，提出不同的耐火程度要求，做到既有利于防火安全，又有利于节约投资。

具有较高耐火等级的建筑物，可使建筑物在一定时间内不破坏、不传播火焰；为人员疏散、消防扑救提供条件；又便于火灾后的修复。

我国《建筑设计防火规范》（以下简称《建规》）将建筑物按耐火等级分为四级。它是由组成建筑物构件的燃烧性能和耐火极限来决定的。

建筑构件按其燃烧性能有非燃烧体、难燃烧体和燃烧体的区别，相同的耐火极限，难燃烧体和燃烧体构件因本身能燃烧比用非燃烧体构件的破坏性要大得多，所以只规定构件的耐火极限还不能完全满足结构对防火安全的要求。为此，《建规》要求：

一级耐火等级建筑的构件都是非燃烧体；

二级耐火等级建筑的构件除吊顶为难燃烧体外，其余构件都是非燃烧体；

三级耐火等级建筑除屋顶、隔墙和吊顶为燃烧体、难燃烧体外，其他构件均为非燃烧体；

四级耐火等级建筑除防火墙为非燃烧体外，其他构件为燃烧体或难燃烧体。

大体说来，一级耐火等级建筑是钢筋混凝土结构或砖墙与钢筋混凝土结构组成的混合结构；二级耐火等级和一级耐火等级建筑相似，仅所用构件的耐火极限较低；三级耐火等级建筑是木屋顶和砖墙组成的砖木结构；四级耐火等级建筑是木屋顶、难燃烧体墙壁组成的可燃结构。

一二级耐火等级民用建筑，防火条件好，层数一般不限制，三级耐火等级民用建筑，屋顶可燃，为了便于起火时消防队扑救，层数不应超过5层，四级耐火等级民用建筑防火性能最差，层数严加限制。具体要求见表1-1。

表1-1 民用建筑的最多允许层数和防火分区最大允许建筑面积

耐火等级	最多允许层数	防火分区的最大允许建筑面积（m²）	备　注
一、二级	按《建规》第1.0.2条规定	2 500	（1）体育馆、剧院的观众厅，展览建筑的展厅，其防火分区最大允许建筑面积可适当放宽。（2）托儿所、幼儿园的儿童用房和儿童游乐厅等儿童活动场所不应超过3层或设置在四层及四层以上楼层或地下、半地下建筑（室）内
三级	5层	1 200	（1）托儿所、幼儿园的儿童用房和儿童游乐厅等儿童活动场所、老年人建筑和医院、疗养院的住院部分不应超过2层或设置在三层及三层以上楼层或地下、半地下建筑（室）内。（2）商店、学校、电影院、剧院、礼堂、食堂、菜市场等不应超过2层或设置在三层及三层以上楼层
四级	2层	600	学校、食堂、菜市场、托儿所、幼儿园、老年人建筑、医院等不应设置在二层
地下、半地下建筑（室）		500	—

对于人员密集场所，有如下规定：

歌舞厅、录像厅、夜总会、放映厅、卡拉OK厅（含具有卡拉OK功能的餐厅）、游艺厅（含电子游艺厅）、桑拿浴室（除洗浴部分外)、网吧等歌舞娱乐放映游艺场所(以下简称歌舞娱乐放映游艺场所),宜设置在一、二级耐火等级建筑内的首层、二层或三层的靠外墙部位,不应设置在袋形走道的两侧或尽端。当必须设置在建筑的其他楼层时,尚应符合下列规定:

(1) 不应设置在地下二层及二层以下。当设置在地下一层时,地下一层地面与室外出入口地坪的高差不应大于10米。

(2) 一个厅、室的建筑面积不应大于200平方米。

(3) 应设置防烟、排烟设施。对于地下房间、无窗房间或有固定窗扇的地上房间,以及超过20米且无自然排烟的疏散走道或有直接自然通风、但长度超过40米的疏散内走道,应设机械排烟设施。

二、人员密集场所防火间距要求

建筑之间设置防火间距的作用,一是为了防止初期火灾向相邻建筑蔓延;二是可以为火灾扑救创造一定的扑救条件。规定的防火间距,考虑了消防队到场扑救的因素。一般在起火后,消防队能在最短时间内赶赴现场,立即展开灭火行动,射水时火场温度降低。

现在有许多新建、扩建或改建的建筑项目为了节约用地,纷纷堵门封墙,以满足最低的防火间距要求。但是,对于歌舞娱乐放映游艺场所的建筑而言,虽然建筑堵口封窗满足了防火间距的要求,然而对人员的安全疏散和灭火救援却很不利。由于部分外墙门窗的封堵,高温烟气难以流散出去,火场大量的热和烟气全部聚集在建筑内部,这会给人员的生命安全带来极大的威胁,并且导致火灾迅速在建筑内部蔓延开来。另一方面,外墙门窗少,火场一旦断电,建筑内的采光势必很差,再加上通风排烟不畅,急于逃命的人员如果没有得到很好的组织疏散和救援,一定会出现相互践踏的混乱局面,导致不必要的伤亡。

对于体育馆、歌舞剧院、展览馆、集贸市场等人员密集场所，不仅要考虑到防火间距，还要考虑人员、物资的疏散场地、灭火救援场地的需要。

歌舞娱乐放映游艺场所不得毗连重要仓库和危险品仓库，与甲、乙类生产厂房和乙类库房之间应留有 25 米的防火间距；重要公共建筑距甲、乙类厂房和甲类库房不得小于 50 米，距乙类库房不得小于 30 米。

重要公共建筑与居民区的液化石油气气化站、混气站的储罐之间的防火间距：储罐容量≤10 立方米的不小于 35 米，储罐容量为 10～30 立方米的不得小于 40 米。

室外集贸市场不得堵塞消防通道以及影响公共消防设施的使用。与甲、乙类厂房、库房和易燃可燃材料堆要保持 50 米以上的安全距离。室外集贸市场在高压线下两侧 5 米以内，不得摆设摊点。

歌舞娱乐放映游艺场所的建筑、重要公共建筑（包括大型商场、宾馆饭店、体育馆等）、集贸市场与甲、乙类厂房、库房和易燃可燃材料堆之间的防火间距要求是比较高的，其原因就是为了避免爆炸或火灾形成的冲击波或热辐射造成大量人员伤亡，也是为了避免火灾的蔓延。

三、人员密集场所建筑装修要求

（一）装修材料防火基本要求

1. 燃烧特性

装修材料的燃烧特性是指材料着火的难易程度和着火后火焰传播的快慢。装修材料的燃烧特性直接关系到该部位的火灾危险性大小和火灾发展的猛烈程度。《建筑内部装修设计防火规定》要求积极选用不燃材料和难燃材料。

2. 燃烧产物、热分解产物的毒性

装修材料燃烧产物的毒性和热分解产物的毒性问题已经引起人们的关注，因为装修中大量使用的合成纤维、塑料、合成橡胶等高分子化合物在燃烧和热分解过程中会产生大量有害气体，对火场现场人员毒害作用极大，许多恶性火灾事故表明，火灾死亡原因中直接被烧死的人是少数，多数是中毒而死，或先中毒昏迷而后被烧死。

3. 燃烧时的发烟性

装修材料燃烧时的发烟量大，会严重影响火灾时人们的逃生和火灾的扑救。因此，装修中应尽量不使用或少使用燃烧时会产生大量毒性气体和发烟量大的装修材料。

（二）部分人员密集场所建筑装修材料的选用

（1）当歌舞厅、卡拉OK厅、夜总会、录像厅、放映厅、桑拿浴室、游艺厅、网吧等文化娱乐放映游艺场所设置在一、二级耐火等级建筑的4层及以上时，室内装修的顶棚材料，应采用A级装修材料，其他部位应采用不低于B1级的装修材料。

歌舞娱乐放映游艺场所近年来曾发生多起一次死亡数十人或数百人的火灾事故，其中一个重要的原因是这类场所使用了大量可燃材料装修，火灾时，这些材料产生大量有毒烟气，导致在场人员在很短时间内窒息中毒死亡。故这类场所不论设置在多层、高层还是地下建筑中，都应对其室内装修材料的燃烧性能等级提出较高要求。

（2）商场营业厅是消防安全重点部位，按营业厅面积大小，内装修要求有：

每层建筑面积大于3 000平方米或总建筑面积大于9 000平方米的营业厅，要求顶棚、地面、隔断均采用A级装修材料，墙面、固定家具、窗帘采用 B1 级装修材料，其他装修材料采用 B2 级。

每层建筑面积 1 000～3 000 平方米或总建筑面积在 3 000～9 000 平方米的营业厅，要求顶棚采用 A 级装修材料，墙面、地面、隔断、固定家具、窗帘采用 B1 级装修材料。

每层建筑面积小于 1 000 平方米或总建筑面积小于 3 000 平方米的营业厅，要求顶棚、墙面、地面采用 B1 级装修材料，隔断、固定家具、窗帘采用 B2 级装修材料。

（3）歌舞厅、餐馆等娱乐餐饮建筑虽然建筑面积不是很大，但是因为它们一般处于繁华的市区临街地段，且容纳人员的密度较大，加之设有明火操作间和大量灯光设备，因此引发火灾的概率高，火灾造成的后果严重，故应对装修材料的等级提出较高的要求。

营业面积大于 100 平方米的歌舞厅、餐饮厅顶棚要求采用 A 级装修材料，墙面、地面、隔断、窗帘采用 B1 级装修材料，固定家具及其他装修材料采用 B2 级。营业面积小于 100 平方米的歌舞厅、餐饮厅顶棚要求采用 B1 级装修材料，墙面、地面、隔断、窗帘、固定家具及其他装修材料采用 B2 级。

（4）影剧院、会堂、礼堂、俱乐部的舞台是功能部位集中的地方，前后舞台是演职员活动最频繁的场所，安装有大量灯具、音响等设备，悬挂有各种丝、绒、布的帷幕、窗帘以及地毯、布景、道具、服装等可燃物，是火灾危险区，因此均要求采用 B1 级材料的幕布和窗帘。

影剧院、会堂、礼堂、音乐厅和体育馆等场所均属于人员密集场所，对其装修要求较高，按场所的座位分成两种情况：影剧院、会堂、礼堂、音乐厅座位数大于 800 个，体育馆座位数大于 3 000 个的，顶棚、墙面均要求采用 A 级装修材料，地面、隔断、窗帘、固定家具采用 B1 级装修材料；如果小于上述座位数，顶棚要求采用 A 级装修材料，墙面、地面、隔断、窗帘、固定家具采用 B1 级装修材料。

（5）宾馆饭店的客房及其公共活动用房，如舞厅、餐厅、会议厅是火灾多发部位。如果过多地使用可燃装修材料，一旦发生火灾，会给客人的生命财产带来危险。因此对于设有中央空调系统的宾馆饭店的内装修，其顶棚要求采用 A 级装修材料，墙面、地面、隔断采用 B1 级装修材料，窗帘、固定家具采用 B2 级装修材料。对一般饭店、宾馆，顶棚、墙面要求采用 B1 级装修材料，地面、隔断、窗帘、固定家具采用 B2 级装修材料。

问题与思考

1. 人员密集场所包括多少类别？
2. 什么是耐火等级？
3. 人员密集场所的特征是什么？
4. 人员密集场所对于耐火等级和防火间距有什么特殊要求？
5. 普通的居民楼发生火灾和人员密集场所发生火灾有什么不同？
6. 简述人员密集场所装修的特点与安全事故的关系。

第二章 人员密集场所的安全生产问题

第一节 人员密集场所安全生产

> **收益点**
> ◆ 了解人员密集场所火灾形势
> ◆ 了解人员密集场所踩踏事故的形势
> ◆ 了解人员密集场所安全现状
> ◆ 了解人员密集场所政府安全监管体制

一、人员密集场所安全生产状况——火灾事故

2008 年 1—5 月人员密集场所火灾状况

据公安部门发布的消息：2008 年 1—5 月，人员密集场所共发生火灾 7 590 起，死亡 88 人，受伤 37 人，直接财产损失 8 946 万元；"三合一"、"多合一"场所集中的个体私营企业发生火灾 2 611 起，死亡 50 人，受伤 32 人，直接财产损失 6 508 万元；易燃易爆场所发生火灾 224 起，死亡 5 人，受伤 2 人，直接财产损失 467.4 万元。

2008 年 1 月 2 日 20 时 25 分，新疆乌鲁木齐市钱塘江路的德

汇批发市场发生火灾，造成3人死亡。

2008年2月4日7时10分，广东惠州市惠东县城红荣路青春洗衣店发生火灾事故，造成5人死亡，4人受伤。

2008年2月15日1时50分，浙江金华义乌市义亭镇成帅酒店发生火灾，大火于2时50分被扑灭，共抢救出23人，其中11人死亡、4人受伤（2人伤势较重）。该酒店为砖混结构，4层半，位于重阳路60号。

2008年2月27日4时，广东省深圳市南山区内环路，南方金属公司厂房一楼，龙飞再生物资回收公司废品收购站仓库发生火灾，造成15人死亡，3人轻伤。

2008年4月9日23时5分，山东聊城市东昌区龙山路一间临街商铺发生爆炸，引发火灾，造成4人死亡。

另外，2008年6月11日3时，海南三亚市红旗街120号兴家电器商行发生火灾，造成6人死亡，4人受伤，疏散被困群众9人。起火建筑共6层，其中一层为商铺，二层以上住人。兴家电器商行主要经营胶鞋等塑料制品。

2007年人员密集场所火灾状况

据中国消防部门数据，2007年人员密集、"三合一"、"多合一"、易燃易爆等重点场所火灾隐患排查整治成效明显，起数、伤亡人数减少。2007年，全国各类人员密集场所共发生火灾14 438起，死亡146人，受伤167人，直接财产损失1.6亿元；"三合一"、"多合一"场所集中的个体私营企业发生火灾8 581起，死亡156人，受伤150人，直接财产损失18 679万元；易燃易爆场所共发生火灾567起，死亡5人，受伤32人，直接财产损失872万元。

2007年5月26日22时40分，辽宁朝阳市双塔区百姓楼饭店总店，发生一起火灾事故，造成11人死亡，15人重伤，1人轻伤。

2007年9月25日22时20分，江西抚州市临川区"本色精英会所（迪厅酒吧）"内发生火灾事故，造成12人死亡，6人受伤。

2007年11月14日4时47分，河北承德市承德县下板城蓝天足疗馆发生火灾事故，造成11人死亡。该足疗馆为二层建筑，过火面积约150平方米。发生事故前，事故现场有13人，2人被成功救出。

2007年12月12日5时15分，广东东莞市樟木头镇名典咖啡语茶厅发生火灾事故，大火在15分钟后被扑灭。经抢救，10人死亡，1人重伤，8人轻伤。过火面积约330平方米。

2007年12月12日8时，浙江温州市鹿城区人民西路69号，温富大厦28层商住楼（1至3层为娱乐场所、商场，4至28层为公寓）火灾事故，截至12月12日14时50分，事故共造成21人死亡，1人重伤。

2005年人员密集场所典型火灾一览

2005年2月20日下午6时10分，湖南省邵阳市区宝庆路湘贵建材市场突发大火，起火原因是海绵燃烧引起，初步估计，此次大火造成上千万元的损失。

2005年3月5日2时36分，河南省郑州市敦睦路针织批发市场发生特大火灾，造成12人死亡。

2005年6月10日11时40分，广东省汕头市潮南区峡山街道华南宾馆发生火灾，大火造成31人死亡、3人重伤。

2005年10月10日21时40分，山东省威海市环翠区金莹家电大楼发生火灾。此次火灾造成4人当场身亡，另有6人送往医院抢救无效后死亡。

2005年12月15日16时30分，吉林省辽源市中心医院住院楼发生火灾,大火造成40人死亡。

2005年12月18日14时,湖南省新化县立新桥街国泰家电超市发生大火,烧了近4个小时才被扑灭。整个大楼被全部烧毁,损失超千万元。

2005年12月25日23时,广东省中山市坦洲镇文康路一西餐厅发生火灾,大火10分钟后被扑灭。火灾已造成26人死亡、8人受伤。

2004年人员密集场所典型火灾一览

2004年2月15日中午11时25分,位于吉林市解放大路与长春路交汇处的中百商厦发生特大火灾。吉林市公安消防指挥中心接到报警后,立即调集消防官兵赶赴现场扑救。13时45分,火势得到初步控制。15时30分,大火被扑灭。在扑救火灾的同时,消防人员通过三部云梯和消防拉梯对2楼、3楼、4楼被困人员进行紧急搜救,截至16时30分,共救出120人,受伤的71人被马上送往各大医院。这次大火造成54人死亡,70人受伤,直接经济损失400余万元。

2004年2月15日14时15分,浙江省海宁市黄湾镇五丰村一座村民自发搭建的草棚发生火灾,在草棚内从事烧香求签迷信活动的60余人中,40人死亡。当地公安民警和消防官兵立即组织扑救,火灾于14时45分扑灭。

2004年6月9日15时56分,北京市119指挥中心接到报警,位于朝阳区华严里的京民大厦西配楼一层发生火灾。消防部门立即调出8个消防中队、36辆消防车前往扑救。17时2分大火被扑灭。此次火灾共造成11人死亡,38人受伤。经初步调查,火灾是大厦西配楼一层游泳池在装修过程中引起的。根据事后消防部门从火灾现场提取的两桶聚氨酯检测得知,当时甲桶的闪点(在正常环境下测定液体可燃性的一种参数)为16摄氏度,乙桶的闪点为20摄氏度。也就是说，这种危险品在16摄氏度或20摄氏度时可以闪燃。国家规定闪点小于或等于28摄氏度的物品为一级危险品。

2004年7月29日19时40分，山东省临沂市临沂灯具城的北区大楼二楼突然燃起大火。直至次日凌晨3时天空下起大雨，火势才得以控制。发生火灾的临沂灯具城北区大楼共四层，建筑面积约三万平方米，一、二层有商户160余户，三、四层是物料仓库。整座大楼全部着火，有报道说，经济损失达一亿元，200余家业户受灾。

2004年10月21日17时07分，江苏省常熟市招商城一专业鞋城发生特大火灾，常熟公安、消防部门接警后出动全市城乡所有消防力量全力以赴扑救火灾。当天23时30分，大火被基本扑灭。但位于招商城中心的约两万平方米的常熟凯莱鞋部几乎全毁，损失以千万计。

2004年12月21日清晨7时40分左右，湖南省常德市桥南市场发生火灾。桥南市场位于鼎城区武陵镇，长约4公里、宽约2.5公里，是20世纪90年代建设的一个大型批发零售市场，是全国十大综合零售批发市场之一，主要以针织品、日用百货、电器等商品为主，发生火灾的是一栋四层的商业楼（经营日用百货，使用面积为7万平方米）。

二、人员密集场所安全生产状况——踩踏事故

校园踩踏事故一览

2003年1月5日，陕西宝鸡县虢镇中学放学时，一名学生不慎踩空，撞倒前边同学，后继学生发生拥挤踩踏，3死6重伤。

2003年12月11日，河北成安县商城中学下晚自习时因停

电,在楼梯间发生学生挤压踩踏事故,5死4重伤。

2004年3月24日上午,湖北恩施第二实验小学课间操时发生学生挤压事故,18人受伤。

2005年10月14日,四川南充营山县云凤实验小学中午放学时上百学生拥抢下楼,因楼梯滑,两名小女孩滑倒后被踩压成重伤。

2005年10月25日晚7:50,四川省巴中市通江县广纳镇中心小学学生下晚自习回宿舍,走到二楼楼梯口时,忽然有人大喊:"屈飞来了!"(屈飞,该校一喝农药致死的学生),学生因害怕而相互拥挤,有的同学被挤倒,发生踩踏事故,8死27人伤。当晚只有五(1)班的王老师在场,其他班级老师下晚自习后没等学生走就自己先走了,所以混乱情况没有得到及时制止,造成惨剧发生。

2005年11月1日下午4:30,安徽省亳州市估衣小学上完体育课上楼的学生与上完电脑课下楼的学生在楼梯发生拥挤,12人受伤。

2005年11月17日清晨,陕西咸阳渭城第二初中近百名学生急着从三层教学楼涌向操场集合。原有的两条下楼通道有一条被锁住,学生只能拥到一条通道上,有人被挤倒,造成12人受伤。

2006年11月20日下午4时,四川自贡旭阳镇小学放学时,二楼教室的学生正准备下楼,三、四楼学生一哄而下,把走在前边的学生一下撞倒在楼梯上。按惯例每天有老师护送学生下楼,当天却无老师在场,造成10余人受伤,一人重伤。

2006年11月18日晚8:20,江西都昌县土塘中学下晚自习后,同学们争着下楼,十分拥挤。有几个同学停下系鞋带,后边同学挤上来压下去了,这时又有人恶作剧喊:"地震了!"大家拼命往前挤,前边人走不动,后边人就拼命打前面的人。当时除了一个值班副校长外,所有老师均不在场(都集中在办公室改期中考试卷),踩踏惨剧发生,6死11重伤。事故地点在一楼二楼之间,死的6个孩子全是初一年级的。

商场超市踩踏事故一览

2003年12月10日中午,武汉市江岸车辆厂工人文化宫放映厅发生惨剧,一家医药企业举办促销活动,因参与者太多,秩序混乱,5位在场老人被挤倒踩踏受伤,其中2人伤重身亡。

2005年2月1日,新开业的成都家乐福双桥店发生了踩踏事故,5人被踩伤。

2007年10月26日,上海乐购超市三门店开业仅5分钟,排队购买低价豆油的数百名消费者便因拥挤而发生踩踏事件。其中15人被确诊受伤,1人骨折。

2007年11月10日上午,重庆市沙坪坝区家乐福超市进行十周年店庆促销活动,大批闻讯而来的市民涌入家乐福超市,由于人多拥挤,发生踩踏事故,造成3人死亡,31人受伤,其中有7人重伤。

近年来国内外重大踩踏事故一览

2002年12月1日,孟加拉国西北地区的戈伊班达百姓在斋月施舍活动中因争抢而引发秩序混乱,造成34人死亡。

2003年2月17日,美国伊利诺伊州大城市芝加哥的一个夜总会发生骚乱,拥挤中造成至少21人被踩死或窒息死亡。

2003年8月27日,印度西部马哈拉施特拉邦纳西克地区欢庆印度宗教节日"昆梅拉节"时,场面失去控制,至少有30人被踩死,50人受伤。

2004年2月1日,朝觐者在麦加参加一个宗教活动时发生拥挤踩踏事件,造成至少244人被踩死,另有200多人被踩伤。

2004年2月5日,北京市密云县密虹公园踩踏事件造成37人死亡。

2004年4月12日,印度北方邦首府勒克瑙在一场竞选集会中发生拥挤和踩踏事故,造成至少21人死亡。

2005年1月22日,沙特阿拉伯麦加附近的姆尼耶圣地在投石避邪桥一带发生朝觐者严重拥挤和踩踏事故,致使约500名朝觐者受伤,他们中绝大部分是年迈体弱的老人。

2005年1月25日,印度马哈拉施特拉邦曼达德维神庙在举行大型宗教集会时,由于过分拥挤,参加祈祷的人群发生踩踏事件,造成300多人死亡,数百人受伤,其中很多是妇女、老人和儿童。

2005年7月29日,由于有人散布谣言说暴风雨可能导致附近一个大坝决堤,印度马哈拉施特拉邦首府孟买郊区的居民在四散逃命过程中发生踩踏事故,造成16人死亡,近20人受伤。

2005年8月31日,伊拉克首都巴格达一座桥梁上发生灾难性踩踏事件,造成至少965人死亡,465人受伤。这起事件的起因是当时有人谎称有自杀式炸弹袭击,导致桥上数千人顿时一片混乱,最终酿成灾难。

2005年12月18日,印度灾民在南部泰米尔纳德邦首府金奈市南部一个水灾救助中心领取食品券时发生拥挤踩踏事件,造成至少43人死亡,另有约50人受伤。

2006年1月12日,沙特阿拉伯伊斯兰教圣地麦加发生朝觐者拥挤踩踏事件,造成至少345人死亡,289人受伤。

三、人员密集场所安全生产的特点

(一)人员密集场所安全现状

公众聚集场所多建在人员集中地段,或附设在其他建筑物内，这些场所布局紧密，防火分隔差，防火分区小，一些公众聚集场所的装饰装修越来越讲究艺术的处理和风格的体现，对建筑室内空间环境的整体处理要求具有观赏性，而这些艺术造型和处理大多需要用可燃材料加工才能取得效果，达到意境。还有的公众聚集场所为防盗和便于管理，堵塞、封闭安全出口和疏散通道，有的安全出口和疏散通道的宽度、疏散门的开启方向不符合防火要求等等。从消防安全角度来看，这些都是公众聚集场所潜在的火灾危险性。

（1）可燃和易燃材料多，人员复杂。一些公众聚集场所，特别是商场、市场、宾馆、饭店和公共娱乐场所采用未经防火处理的地毯铺地，墙面、家具、窗帘等采用海绵、泡沫、塑料板、木板、布匹等可燃物，且从业人员多，人员复杂，一旦生活用火不慎或遗留火种，极易造成大面积燃烧而酿成火灾。

（2）电气设备的安装、使用及电气线路的铺设不符合防火安全要求。一些商场、市场及公共娱乐场所的音响、空调、VCD机、灯光等电气设备较多，电力负荷大。电气绝缘材料容易老化，电线私拉乱接，超负荷用电，容易造成电线短路而引发火灾。

（3）普遍使用液化石油气。多数公众聚集场所使用液化石油气做饭，员工消防安全意识差，为了使用上的方便，常常将液化石油气放在靠近火源的地方，易引发火灾事故。

（4）同一建筑多种经营。现在有的宾馆内有餐饮、KTV、健身房等，而且各自属于不同的经营者，消防管理混乱，消防安全无保障。

（5）人员密集，疏散困难，易造成人员群死群伤。公众聚集场所人员集中，密度大，多数人员缺乏逃生知识，一旦发生火灾，疏散逃生困难，极易造成人员群死群伤。

（6）消防设施不完善、应急照明和疏散指示标志缺少。一些公众聚集场所经营者消防意识差,消防安全知识淡薄,对消防安全重视程度不高,不按国家规定要求设置消防设施和器材,或者对设置的消防设施和器材不进行维护保养,失去其应有的作用。有的公众聚集场所不按要求设置明显的消防安全疏散指示标志和应急照明灯,一旦发生火灾,火势得不到有效控制,人员的安全疏散无保障。

(二)人员密集场所火灾特点

大量的火灾事实表明,人员密集场所发生火灾后有以下特点:

1. 燃烧迅速、蔓延快

人员密集场所经营面积较大,空间范围广,供氧充足,空气具有良好的流通条件,内部地面、墙面采用化纤地毯、海绵、可燃织物进行装饰装修,室内存放木质家具。发生火灾,若是在火灾初期没有对火灾进行及时扑救或有效控制,火势会沿着可燃物迅猛燃烧,蔓延到其他部位而发展到猛烈阶段,使火势难以控制。

2. 产生大量有毒烟雾气体

一些人员密集场所室内装饰装修使用大量易燃材料及各种塑料、化纤、海绵制品,火灾发生后产生有毒烟雾,大面积扩散蔓延,严重威胁被困人员的生命安全,造成大量人员伤亡。

3. 易造成群死群伤

人员密集场所人员聚集,有的严重超员,人员密度较大,有的疏散通道缺少或不畅通,疏散指示标志不明显,安全出口狭窄或数量不足,使用易燃和可燃材料进行装饰装修。一旦发生火灾,一方面,产生的有毒气体会使疏散缓慢的人员造成窒息或中毒;另一方面,产生的浓烟使现场人员视野模糊,令人心理上产生压力，相互拥挤、相互践踏，易造成大量人员伤亡。

4. 易引燃相邻建筑物

人员密集场所一般位于市区繁华地段，附近的各类建筑物较多且间距较小，发生火灾后，如未能及时有效地控制火势，高温燃烧产生的强辐射热将会烤着附近建筑物表面的可燃材料，使火势向附近其他建筑物蔓延。

5. 火灾扑救难度大

人员密集场所，特别是商场、市场、宾馆、歌舞厅等一般位于繁华地段，人员相对集中，发生火灾后易出现人员围观现象，加上临近建筑多，易造成交通堵塞，阻碍消防车顺利接近起火建筑物。这些建筑可燃易燃材料多，灭火所需水量较大，扑救火灾的难度将进一步增大。

6. 地下人员密集场所，火灾的繁杂性和危险性增加

一些人员密集场所设在地下建筑内，这些人员密集场所的火灾除了与地上建筑具有相同的火灾特点之外，还具有较为复杂的火灾特点。因为地下建筑只有内部空间，不像地上建筑有窗与外部空间相通，当地面建筑发生火灾时，80％的热烟可以顺窗口排出建筑物，在热烟从窗口上部排出的同时，窗口下部还可以进入空气，降低火灾房间的温度，而地下建筑绝大多数无窗，与建筑外相连的孔洞少且面积小，发生火灾后热烟排不出去，散热缓慢，高温烟与空气混合流动，一氧化碳、二氧化碳等有害气体的浓度迅速提高，严重威胁人员的生命安全。地下场所由于受条件限制，出入口少，疏散步行距离长，火灾时，人员疏散只能通过出入口，不能像地面场所那样通过其他办法仍可疏散，地下建筑无自然采光，火灾时容易断电，人的视觉能力下降，心理恐慌，疏散更加困难。地下建筑发生火灾消防队员无法观察建筑物内部燃烧情况，给指挥作战带来更大困难。火灾时，浓烟滚滚，毒气

弥漫，消防人员要顶烟进入，需要有较好的安全防护。烟气遮蔽视线，能见度低，用于地下建筑的灭火剂缺乏，扑救火灾的难度将进一步加大。

四、人员密集场所事故的社会危害性

人员密集场所事故，影响社会稳定。人员密集场所聚集大量的消费者，并且这些消费者流动性大，在某一时点大量聚集的偶然性强，因此，这些场所的事故隐患威胁的对象是不特定的社会公众，直接关系到整个社会的公共安全。事故一旦发生，势必造成群死群伤，涉及的家庭和单位众多，极易导致群体性上访、发泄性破坏、交通阻塞、谣言误传等社会不安定因素，同时由于现代信息和交通技术的飞速发展，事故造成的社会影响会迅速蔓延，势必引发整个社会的关注，甚至影响到整个行业以及相关行业的发展。事故造成的消极影响产生的连锁反应，将直接危害社会稳定，破坏社会的和谐。

人员密集场所事故，造成很多家庭的悲欢离合。一个生命的消失，意味着有的父母失去了孩子，要饱尝老年丧子之痛；有的孩子失去了父母，要品味少年丧父之艰难。群死群伤的后果，就是很多的家庭要一辈子沉浸在悲痛之中，回忆那曾经的美好岁月，心头永远有失去亲人的阴影，甚至很多家庭由于心理问题和经济问题，难以维系，引发一连串的家庭问题。1994年的克拉玛依友谊宾馆的一场大火，很多父母不敢面对失去孩子的事实，几十年难以消除心头之痛，幸存的孩子即使到了成年，在工作和生活中，也难以摆脱恐惧，甚至有的染上了自闭症，即使是当年参与救火的消防人员和报道的新闻工作者，心中都抹不去那悲惨的一幕一幕。

五、我国对于人员密集场所的安全监管

我国对于人员密集场所的安全工作,实行综合监管、行业监管、专项监管相结合的道路。国家安全生产监督管理总局是国务院主管安全生产综合监督管理的直属机构,依法对全国安全生产实施综合监督管理。行业主管部门对于本行业的安全生产工作负责监督管理,即行业监管。例如:商业部对于商业领域的安全生产工作负责监督管理,文化部对图书馆、文化娱乐等场所安全生产工作负责监督管理。专项监管,有的教材也把此划归为行业监管,即指消防、质检等有关部门对于本领域内的消防、特种设备等安全生产工作负责监督管理。公安部消防局对于各个单位的消防工作进行监管,质检总局对于全国特种设备的安全生产进行监管。这里称之为专项监管。为了加强对整个安全生产工作的指导,加强综合监管和行业监管之间的协调配合,国务院成立了安全生产委员会,设立国务院安全生产委员会办公室。

在地方上,同样成立安全生产监督管理局,负责地方安全生产的综合监管,地方各级行业主管部门,承担本区域内本领域内安全生产的行业监管职能,地方各级专业监管部门对于本区域内本领域的安全生产承担专项监管职能。各级安监局从综合监督管理的角度,指导、协调和监督行业监督部门和专项监管部门的安全生产监督管理工作。

六、我国对于群死群伤事故的处理

2001年4月21日中华人民共和国国务院302号令《国务院关于特大安全事故行政责任追究的规定》公布,主要包括七大类安全事故,其中火灾事故被列为第一项,中小学校的安全在此规定中被重点提出,这在安全生产的法规里面是首次,表明了国务院对于群死群伤事故的重视。

第二节 人员密集场所安全事故分类

> **收益点**
> ◆ 了解人员密集场所分类标准
> ◆ 理解根据不同分类标准对事故进行分类

对于人员密集场所的事故,我们采取两种分类,一种是参照《生产过程危险和有害因素分类与代码》(GB/T 13861－1992)进行分类,主要目的是为了探索事故发生的根源,另一种参照《企业职工伤亡事故分类》(GB 6441－1986),主要目的是为了研究事故发生的类型,但是这两种分类方法,有的人员密集场所的事故不能包含在内,例如踩踏事故。

一、按照导致事故原因分类

参照《生产过程危险和有害因素分类与代码》(GB/T 13861－1992),依据导致事故的直接原因进行分类,可以分为:明火事故、电器事故、设备设施缺陷(电梯、栏杆)、高温灼伤、明火引发的事故。2007 年,全国共发生火灾 15.9 万起,其中用火不慎,共 37 195 起,占 23.4%;吸烟引起的火灾占 8%,玩火占 7.9%,遗留火种等其他原因占 14.7%,从以上数据可以看出,明火是引发火灾的主要原因。

(1) 电危害引起的事故。2007 年,全国电气引起火灾最多,共 45 703 起,占火灾总数的 28.8%,除了火灾,电危害引发的触电事故,更是不计其数,静电事故也容易引发事故。电气设备引发火灾主要有:电动机超负荷运转或绝缘不良、短路发热起火;电气线路安装不牢或者接头松动，引发周围可燃物着火；乱接乱拉电线或线路绝缘层老化、破损，导致电线短路，产生电火花起火；变压器线圈绝缘损坏或者接头接触不良等造成短路或电阻过大发热起火；用过的电熨斗、电烙铁、电炉等未切断电源起火；熔丝安装使用不合格，超负荷时失去保护作用或用其他金属丝代替保险丝引发火灾；使用大功率灯泡靠近可燃物着火。

（2）易燃易爆物质引发的事故。在人员密集场所存在着天然气、煤气罐、油等易燃易爆物质，这些物质非常容易引发事故。液化石油气、天然气、煤气都是爆炸性气体，有非常宽的爆炸极限，在与一定空气混合后，遇到明火仍然发生爆炸，一旦发生爆炸，迅速形成大规模的伤亡事故。在宾馆饭店都要使用食用油，进行食品的烹调，在使用过程中，尤其是在营业繁忙时段，非常容易导致油溅出、溢出、倒洒等情况，遇到明火，炊事间就会发生连锁火灾爆炸事故。在装修作业中，使用了大量的易挥发等装饰材料，这些装饰材料挥发出易燃气体，遇到火源也容易形成爆炸或火灾，而且气体的燃烧传播速度快，一旦发生燃烧，迅速蔓延，造成火灾、爆炸事故。

（3）操作事故导致的事故。很多事故与员工不当的安全行为有关，在有些设备设施的使用中，不按照设备设施的操作规程进行操作，走捷径，图省事，放松警惕，疏忽大意，就会造成设备设施的破坏，引发连锁事故。

（4）作业环境不良引发的事故。在人员密集场所也会出现安全过道缺陷、采光照明不良、有害光照、缺氧、通风不良、空气质量不良、给排水不良、涌水、强迫体位、气温过高、气温过低、气压过高、气压过低、高温高湿、自然灾害等作业环境不良的状况，这些情况导致安全事故的发生。例如在商场、超市商品琳琅满目，过道非常狭窄，有的歌舞厅为了塑造一种环境，灯光过于暗淡，这些在与其他因素产生交叉时，就会形成事故。

二、按照事故类型分类

（1）触电事故。触电事故，是经常发生的事故，但是由于近年来，电器设备和线路的改进，触电事故在逐步的减少。触电事故主要有以下情况：①接触碰上了带电的物体。这种触电往往是由于用电人员缺乏用电知识或在工作中不注意，不按有关规章和安全工作距离办事等，直接触碰上了裸露在外面的导电体，这种触电是最危险的。②由于某些原因，电气设备绝缘受到破坏漏了电，而没有及时发现或疏忽大意，触碰了漏电的设备。③由于外力的破坏等原因，如雷击、弹打等，使送电的导线断落地上，导线周围将有大量的扩散电流向大地流入，将出现高电压，人行走时跨入了有危险电压的范围，造成跨步电压触电。

（2）淹溺事故。淹溺是指人淹没于水中，由于水被吸入肺内或喉挛所至窒息。淹溺事故在人员密集场所中比较少见，但是在游泳池等水上运动场所经常发生。国家根据游泳池水上面积大小，对救生员进行了规定，从而避免淹溺事故的发生。

（3）火灾。火灾事故是人员密集场所的最常见、最容易发生、社会危害性最大的事故。火灾的定义为：在时间或者空间上失去控制的燃烧所造成的灾害。按照物质燃烧的特性可以将火灾分为 4 类。

A 类火灾：指固体物质火灾，这种物质往往具有有机物质，一般在燃烧时能产生灼热的灰烬。如木材、棉、毛、麻、纸张火灾等。

B 类火灾：指液体火灾和可熔化的固体物质火灾。如汽油、煤油、柴油、原油、甲醇、乙醇、沥青、石蜡火灾等。

C 类火灾：指气体火灾。如煤气、天然气、甲烷、乙烷、丙烷、氢气火灾等。

D 类火灾：指金属火灾。如钾、钠、镁、钛、锆、锂、铝镁合金火灾等。

第二章 人员密集场所的安全生产问题

人员密集场所的火灾非常复杂，经常是几类火灾同时存在。

引发火灾的引燃源比较多，原因复杂，有明火、电气引燃源、高热物体及高温表面、自燃发热及化学反应热、机械摩擦或者冲击、光线等等。其中以明火和电气引燃源为主。

明火主要有：打火机、火柴、烟头、电炉、燃油炉、燃气炉、焊接与切割等。1994 年辽宁阜新歌舞厅火灾就是因为点燃的报纸，酿成了大火；2008 年初乌鲁木齐德汇国际广场火灾，就是有人使用电炉，引发了一场大火，上千家商户血本无归。明火事故，一次次的上演，触目惊心。

电气引燃源引发火灾主要可以分为两个方面：一是危险温度，二是电火花和电弧。发生短路，电流增大为正常的数倍乃至数十倍，而产生的热量又与电流的平方成正比，使得温度急剧上升，产生危险温度；接触不良如不可拆卸的接点不牢、焊接不良、可开闭的触头没有足够的接触压力或表面粗糙不平等，都可以增大接触电阻，产生危险温度；过载量太大或者过载时间太长，可产生危险温度；电气设备铁芯短路、线圈电压过高，可以产生危险温度；散热失效可以产生危险温度，电动机、接触器被卡死，可产生危险温度，电压波动太大，会产生危险温度；电炉、电烘箱、电熨斗、电烙铁等电热器具和照明器具的工作温度较高，如果发生破裂或者紧贴可燃物太近就可以产生过热温度，发生火灾。2000 年洛阳东都商厦特大火灾，是因为电焊迸发的火星点燃了沙发垫，从而酿成了一场大火，死亡了三百多人。电气引发的火灾不计其数，接连不断。

（4）灼烫事故。灼烫是指火焰烧伤、高温物体烫伤、化学灼伤、物体灼伤等。在人员密集场所中，比较常见的是火焰烧伤和高温物体烫伤，但是此类事故一般都是小范围的个人操作失误引发的，灼烫一般发生在一个人或几个人身上，不会引发大范围的伤害。灼烫事故在餐饮业比较常见，在其他人员密集场所相对比较少。

（5）高处坠落。主要指在高处作业中发生坠落造成的伤亡事故。高处坠落在人员密集场所中属于少数,但是在一些场馆的修缮过程中,由于使用非专业操作工人、操作工人失误、疏忽大意等原因,高处坠落的事故偶有发生。

(6)坍塌事故。坍塌事故一般比较少,但是一旦发生坍塌事故都影响巨大。2004年2月14日,莫斯科"特朗斯瓦里"的水上乐园发生玻璃和水泥屋顶坍塌事故,造成40多人死亡,110多人受伤。2004年5月23日,巴黎戴高乐机场2E候机厅顶棚发生坍塌事故,造成包括两名中国公民在内的4人死亡,3人受伤。坍塌事故的原因很复杂,主要是由于建筑工程的关系,例如地基不合理、结构不合理、建筑材料不合格等等。由于使用单位很难对建筑工程进行监控,所以此类事故比较难以预测。

(7)锅炉、压力容器爆炸事故。爆炸事故,在人员密集场所时有发生。主要是由于部分密集场所使用了锅炉、煤气罐、燃气管道等,操作不规范或者设备设施的老化,导致爆炸事故的发生。

(8)中毒和窒息事故。中毒窒息事故,在人员密集场所通常与火灾联系在一起,其他的中毒窒息事故相对比较少。其他中毒窒息事故,主要是由于燃气泄漏、毒性物质泄漏等原因所致,在餐饮业这类事故相对较多,燃气事故归安全事故,中毒事故一般都划归卫生事件。

第三节　人员密集场所重要安全隐患

> **收益点**
> ◆ 了解人员密集场所主要安全生产事故和主要安全隐患
> ◆ 理解人员密集场所主要安全隐患的预防方法和控制措施

一、厨房和炊事间

炊事用火是宾馆饭店、餐饮场所最普通的生活用火。目前，厨房和炊事间普遍使用液化石油气、煤气、天然气、煤等，形成了危险源，许多炉灶还有排油烟的烟囱。烹调菜肴等都要使用食用油，油是非常容易燃烧的物质，如果不注意，就会引发火灾，甚至发生爆炸。

炊事间最危险的事故来自液化石油气、煤气、天然气等可燃气体的燃烧和爆炸。

1. 发生事故的主要原因

（1）钢瓶或者管道腐蚀以及连接导管老化破裂而导致气体泄漏，接触明火引发燃烧或爆炸。

（2）阀门、减压器、灶炉开关、调风挡板等不合格或者损坏失灵，气体泄漏，接触明火引发燃烧或爆炸。

（3）钢瓶靠近热源，使液化气体迅速汽化，压力增大，超过钢瓶承受压力而发生爆炸。或者充气过量，在环境温度升高的情况下，瓶内气体剧烈膨胀，导致瓶体破裂而引起爆炸。

（4）随意将液化石油气残液倒入下水道等不安全的地方，挥发的气体遇到明火造成事故。

（5）违反使用规定，点火和开关顺序倒置，使逸出气体被火源引爆而发生事故。

（6）发生泄漏时，明火碰到泄漏点，引发燃烧或爆炸。

2. 预防措施

（1）钢瓶的存放和管道铺设应该符合规定。例如：装有液化石油气的钢瓶不得存放在住人房间、公共场所，严防高温和日光暴晒，环境温度不得大于35℃，钢瓶灶具之间保持1米以上的安全距离；煤气管道应明设，不宜设置在地下室和楼梯间，室内管道应采取镀锌钢管,煤气度量表安装在通风良好的地方。

(2)炉灶的安装符合要求,各部位要经常检查,发现阀门堵塞、失灵,胶管老化破损等情况要及时修理。如煤气灶与管道的连接胶管不宜过长,最长不得超过2米,胶管两端必须扎牢,并且胶管采用耐油、耐压的夹线胶管;发现泄漏,应立即停止供气或关闭液化储罐,打开门窗,严禁在室内吸烟、划火柴或开关电气设备;试漏时,严禁使用明火,一般采用抹肥皂水的方法。

(3)严格按照规定操作。严格按照"先点火,后供气"的顺序,如果一次没有点着,关掉供气,等气体扩散后重新开始。用完炉火后应关掉供气,再关炉具。

(4)一旦发生火灾爆炸,立即关闭阀门,停止供气,采用湿毛毯等灭火或者使用二氧化碳、干粉等灭火器进行扑救,并及时报警。如果是钢瓶着火,应该转移到室外,让气体燃尽。

(5)液化气钢瓶要防止碰撞、敲打,不要接近火源、热源。严禁用水烫、烘烤、火烧等方法,对气瓶进行加热。严禁在室内将液化石油气进行瓶罐间输导,液化石油气瓶罐内残液由充装单位统一回收,不得擅自处置。

二、锅炉房

锅炉是一种具有高压的特种热力设备,存在一定的爆炸危险。

1. 发生安全事故的主要原因

(1)烟囱靠近建筑物的可燃结构,长时间烘烤引发火灾。

(2)炙热炉渣处理不当,死灰复燃,引燃周围的可燃物。

(3)烟囱飞火引发火灾。

(4)锅炉房操作间和附属房间内的可燃物起火。

(5)锅炉爆炸。锅炉爆炸包括两种形式:一是炉膛爆炸,二是物理爆炸。炉膛爆炸的原因主要有：燃气、燃油锅炉点火前未将滞留炉膛、烟道内的可燃气体、油蒸气排除掉，以致点火时发生爆炸；油雾化不良，炉膛温度过低，油滴进入烟道沉积，一旦温度升高，会引起爆炸事故；燃煤中混有雷管等爆炸物，当接触炉火时发生爆炸。锅炉物理爆炸原因主要有：司炉违反操作规程，操作不当，当锅炉缺水，在汽化过程中，盲目提高工作压力，造成超压引起锅身、过热器、储气包等爆炸；因设备质量差，安全装置失灵起不到保护作用，使锅炉超压发生爆炸。炉膛爆炸会引发火灾事故，锅炉物理爆炸会毁坏锅炉房建筑和设备，有时也会发生火灾。

2. 主要采取的措施

（1）锅炉工必须经过培训和考核合格后方能独立操作，无操作证严禁操作锅炉。

（2）锅炉点火前必须检查压力表、安全阀、水位计等安全附件是否完好，安全附件不合格时严禁开炉操作，并检查燃料气阀门及其他阀门是否漏气。

（3）点火时，必须使用点火棒，开始时火要小，升温不可太快，以免分布热不匀，影响锅炉寿命。

（4）给水速度不应太快，生火后应随时注意炉内水位，如水位上升超过最高水位时，应进行排污以降水位。

（5）若炉内发生特殊响声，锅炉工应立即检查，必要时应停炉检查。

（6）锅炉运行中，气泡内应保持规定的水位，压力不能超过锅炉操作压力，锅炉工应经常监视压力表。

（7）锅炉满水时，应及时排水，停止供水，使水位恢复正常。

（8）停炉后，待水慢慢冷却到 70℃ 以下后，方可把炉水放出,放净后再用化学物质处理锅炉水垢。

(9)锅炉工离开锅炉房时,必须关好水电、燃料气阀门和门窗。

三、变配电间

变配电间是变换电压和接受分配电能的场所,由变电间和配电间组成。一般变配电间是合为一体的,由变压器、配电装置、控制设备(油开关、隔离开关)和辅助设施等组成。

规模较大的公众聚集场所都设有变配电间,它既是火灾危险性很大的部位,也是该单位的要害部门。变配电间的事故特点是,由于变压器、油开关等设备含有大量绝缘油,一旦发生严重过载、短路,设备内的可燃材料和绝缘油就会因高温或电弧作用而分解、膨胀以致汽化。这样就使设备内的压力急剧增加,从而破坏外壳,向外喷油,流淌出来的油会进一步扩大火灾。有时还会因设备漏油,顶盖上有油垢,由外来火引发火灾或者爆炸事故。也有因为小动物跨接高压套管、低压套管而发生相间短路引起火灾爆炸事故。

1. 配电室的安全措施

高压配电室应采用一、二级耐火等级建筑,低压配电室的耐火等级不应低于三级,二者均应采用混凝土地面。长度大于 7 m 的高压配电室和长度大于 10 m 的低压配电室至少应有两个向外开启的门。相邻配电室之间一般不宜设门,如必须设置,应设置能向两个方向开启的门。配电室可以开窗,但是必须采取措施。例如,设网格不大于 20 mm×20 mm 的铁丝网和遮雨棚,以防雨雪浸入和小动物进入。

2. 变压器室的安全措施

变压器室与配电室之间的隔墙应为防火墙。容量在 1 000 kW

以上的油浸变压器应安装在单独的变压器室内。室内应有良好的自然通风，且室温不得超过 45℃。如果室温过高，可以使用机械通风。通风装置应设置网格不大于 10 mm×10 mm 的铁丝网和防雨雪浸入的设施。

3. 电容器室的安全措施

高压油浸电力电容器室应采用不低于二级耐火等级的建筑，室内应有良好的自然通风，如果室温超过 45℃，应当采取机械通风，并采取防雨雪和小动物进入的措施。

高压电容器宜单独设置。1 000 V 以下的低压电容器可设置在高、低压配电室内。

电容器组应由单独的总开关控制，并有可靠的接地装置。高压电容器组应设置自动空气开关或熔断器保护。

4. 干式电力变压器

目前，在一些高层建筑，包括高级宾馆、大型公共建筑以及隧道、地铁建设中，普遍使用不用变压器油的干式变压器，内部构造与油浸式变压器基本相同，但是取消了与变压器油有关的一些附件。

虽然取消了变压器油，但是电力变压器在电气性能上的火灾危险性依然存在，只是危险系数减少了很多。

四、内部装修作业

（一）装修中存在的主要问题

（1）违反安全操作规定。一是电气焊割引发火灾。此类火灾发生频率最高，约占 40％，多半是因为火化或者焊渣落在可燃物上引起的。另外，电焊机超过负荷及装饰物受焊接传热着火也是引起火灾的主要原因。二是对易燃易爆气体处理不当。装修过程中使用的油漆、涂料、稀料产生的易燃易爆气体，由于通风不良、不易散发，易在局部达到爆炸极限，遇明火或火花会引起爆炸。

（2）违反电气安装和使用安全规定。一是线路安装不当。电线应该穿阻燃管，却使用一般绝缘管代替，或干脆不穿；装了接线盒却不装盖子，有的甚至连接线盒也省掉了，从而引起短路打火。二是灯具安装使用不当。现实生活中，由于工人将 200 W 照明灯挂在易燃装饰物墙上，轨道灯安装不当，灯具开关打火引爆可燃气体等引发安全事故时有发生。三是配电箱安装不当。

（3）装修工程施工现场火灾危险性大，管理混乱。材料存放、施工操作、人员住宿混为一体，潜伏着严重的事故隐患。有的施工现场往往存放着大量易燃可燃材料，无专有仓库，堆放混乱，随地乱放；临时用电多且地点变化频繁，尤其是电刨、电锯、切割机等用电量大，加上施工现场的生活用火设施，乱拉照明用电，工人在工地上乱丢烟头，电工、焊工无证上岗、交叉作业等。

（4）投资方、施工方降低安全技术标准。建设单位不遵守国家规范，安全意识淡薄，只考虑减少投资，不考虑经营场所的消防安全。工程建设中选用大量可燃材料，增加了建筑的火灾荷载，对选用材料不采取安全措施。选用的材料一味追求豪华、高档，一旦发生火灾事故，产生大量有毒烟气，导致人员很快窒息中毒。

（5）施工队伍安全素质差。装修施工队伍中临时招募的工人较多，且大多数文化水平低，从业前没有经过安全知识、技能训练。有的队伍没有监督人员，造成很多工程没有按照国家标准施工，大量采用可燃、易燃材料。

（二）装修作业中的安全措施

（1）建立严格用火用电制度，把好"三关"。一是"明火操作关"，动用明火要有许可证并有专人看管；尽量避免交叉作业，如必须同时作业应由总负责单位进行现场协调。二是"电气设备安装关",做到定人定设备,按规范的要求选择电气线路套管、导线的连接方式及灯具的选择和布置。三是"易燃材料管理关",设专人管理易燃材料,控制其数量,防止堆积过多、堵塞道路。

(2) 管理好生活用火。施工现场办公室、宿舍、仓库等临时工棚一律不得使用电炉,或使用大功率灯泡或碘钨灯烘烤取暖,禁止施工现场吸烟。

(3) 完善消防设施。对于产生易燃易爆气体的场所应配置通风系统,并采用防爆电器。工地按照规范留出疏散通道和出口,不得占用和堵塞,更不得借口将出口堵死,并应设置疏散指示标志及事故照明设备,并且配备一定数量的灭火器材。

五、严防明火

(一) 生活用火

1. 吸烟

人员密集场所是人员、物资集中的地方,吸烟者不守规定乱丢烟头引发火灾的机会也比较多。吸烟不慎引起火灾事故的具体情形有:一是边吸烟边睡觉和醉酒吸烟。入睡后,烟头掉在被褥、衣服、沙发、地毯等可燃物上引起火灾。二是随处乱放燃着的香烟。例如随手放在写字台、桌子、纸箱等可燃物上,人走未熄,引起可燃物阴燃起火。三是不分场合乱弹烟灰,乱丢未熄烟头,使烟灰落在易燃物上,或把烟头丢向窗外,丢在地上、角落处、纸篓里,遇到可燃物阴燃起火,这是引发火灾事故的最常见原因。烟头虽小,但是温度不低,表面温度达 200~300℃。

应当采取安全措施防范事故发生:①重点部位设置禁止烟火的标志。比如商场营业厅,贸易市场的摊位、门面、库房、影剧院等等。②在公共场所应设吸烟室,吸烟室应有烟灰缸。③宾馆客房内应有吸烟安全须知,桌上应有禁止在床上吸烟的标牌,强调不要在床上吸烟,不要醉酒后吸烟,服务人员在客人离开房间后,应及时整理床铺,防止火种遗留。④单位员工和服务人员应当在禁止烟火部位自觉遵守规定,对违规吸烟者应立即制止。营业结束后,立即检查,发现异常立即消除。

2. 点蚊香驱蚊

一般场所的驱蚊方法包括蚊香驱蚊法、电蚊香驱蚊法和气雾剂驱蚊法等。注意点燃蚊香远离可燃物,保持适当的安全距离,最好使用金属罩罩住蚊香;电蚊香注意电源、导线、热敏元件的完好性;气雾法驱蚊注意要远离火源。

3. 明火加热

宾馆饭店的餐厅使用的火锅、烧烤台都离不开液化石油气或酒精炉等,这些都有很大的危险性。经常发生的事故主要有:输气管道漏气遇明火发生燃爆;炉子打翻,遇桌布等可燃物着火。在使用之前,应当检查和试漏,加热器应有人专门巡查看管,发现异常及时处理。

(二) 其他火源

1. 燃放烟花爆竹

烟花爆竹属于火工产品,通过引燃烟火剂,产生声、光、色、烟、造型等效果的产品。烟火剂是由多种化工原料混合而成,具有易燃易爆的危险性,是强火源。

燃放烟花爆竹应当注意:①燃放地点安全,不得在人员集中的场所及其附近范围内燃放;②庆典活动,应事先制定专人选择安全地点,组织安全燃放。

2. 放火和玩火

放火是一种有目的的故意行为,对人员密集场所安全危害极大,一旦得逞,造成重大伤亡事故和惨重损失。具体有:刑事放火、私仇报复、恐吓放火等等。人员密集场所玩火大部分是儿童,主要有:玩弄火柴、打火机、用火嬉戏等等,玩火一般都背着家长,一旦起火,他们往往会不知所措,或者躲藏起来。应该加强对于人员密集场所防火和玩火的监控和管理,避免事故的发生。

六、用电安全

电气原因引发的人员密集场所的事故,一直是最主要的原因,占很大比例。引发火灾的原因包括:用电范围广,用电设备多,大量使用空调等功率大的电器。有些电气火灾事故是因线路故障引起的,也有些事故是因电器使用不当或电器质量低劣引起的。

(一) 线路安全

电气线路发生火灾,主要是由于线路的短路、过载或接触电阻过大等原因,产生电火花、电弧或引起电线、电缆过热,从而造成火灾。

1. 短路

(1) 定义

电气线路中的导线由于各种原因造成相线与相线,相线与零线(地线)的连接,在回路中引起电流的瞬间骤然增大的现象叫短路。

根据欧姆定律,短路时由于电阻突然减小则电流将突然增大。因此,线路短路时在极短的时间内会发出很大的热量,这个热量不仅能使绝缘层燃烧,而且能使金属熔化,引起邻近的易燃、可燃物质燃烧,从而造成火灾。

(2) 短路的形式和原因

相线之间相接叫相间短路;相线与零线(地线)相接叫直接接地短路;相线与接地导体相接叫间接接地短路。

电气线路发生短路的主要原因有：

①使用绝缘电线、电缆时，没有按具体环境选用，使绝缘体受高温、潮湿或腐蚀等作用，失去了绝缘能力。

②线路年久失修，绝缘层陈旧老化或受损，使线芯裸露。

③电源过电压，使电线绝缘被击穿。

④安装、修理人员接错线路，或带电作业时造成人为碰线短路。

⑤裸电线安装太低，金属物不慎碰在电线上；线路上有金属物件或小动物跌落，发生电线之间的跨接。

⑥架空线路电线间距太小，挡距过大，电线松弛，有可能发生两线相碰；架空电线与建筑物、树木距离太近，使电线与建筑物或树木接触。

⑦电线机械强度不够，导致电线断落接触大地，或断落在另一根电线上。

⑧不按规定要求私拉乱接，管理不善，维护不当造成短路。

⑨高压架空线路的绝缘子耐压程度过低，引起线路的对地短路。

（3）防止短路的措施

①按照环境特点安装导线，应考虑潮湿、化学腐蚀、高温场所和额定电压的要求。

②导线与导线、墙壁、顶棚、金属构件之间，以及固定导线的绝缘子、瓷瓶之间，应有一定的距离。

③距地面 2 m 以及穿过楼板和墙壁的导线，均应有保护绝缘的措施，以防损伤。

④绝缘导线切忌用铁丝捆扎和铁钉搭挂。

⑤定期对绝缘电阻进行测定。

⑥安装线路应为持证电工安装。

⑦安装相应的保险器或自动开关。

2. 过载（超负荷）

（1）定义

电气线路中允许连续通过而不致于使电线过热的电流量，称为安全载流量或安全电流。如导线流过的电流超过安全电流值，就叫导线过载。电线过载，一般在不考虑电压降的情况下，以温升为标准。

一般导线的最高允许工作温度为65℃。当过载时，导线的温度超过这个温度值，会使绝缘加速老化，甚至损坏，引起短路火灾事故。

（2）发生过载的主要原因

①导线截面积选择不当，实际负载超过了导线的安全载流量。

②在线路中接入了过多的或功率过大的电气设备，超过了配电线路的负载能力。

（3）防止过载的措施

①合理选用导线截面。

②切忌乱拉电线和过多地接入负载。

③定期检查线路负载与设备增减情况。

④安装相应的保险或自动开关。

3. 接触电阻过大

（1）定义

导体连接时，在接触面上形成的电阻称为接触电阻。接头处理良好，则接触电阻小；连接不牢或其他原因，使接头接触不良，则会导致局部接触电阻过大，产生高温，使金属变色甚至熔化，引起绝缘材料中可燃物燃烧。

（2）发生接触电阻过大的主要原因

①安装质量差，造成导线与导线、导线与电气设备连接点连

接不牢。

②导线的连接处沾有杂质,如氧化层、泥土、油污等。

③连接点由于长期震动或冷热变化,使接头松动。

④铜铝混接时,由于接头处理不当,在电腐蚀作用下接触电阻会很快增大。

大家知道,线路接通电源之后,电流通过电线、接头和设备就会发热,这是正常现象。接头做得好,接触电阻不大,连接点的发热量就小,可以保持正常温度。如果接头接得不好,接触电阻就会增大,同时产生的热量也就多。在一定电流下,电阻越大发热量就越多。因此,有较大接触电阻的线段就会强烈发热,使温度急剧升高引起导线绝缘层的燃烧,以致引起附近电线上的粉尘、纤维等物质燃烧起来,若处理不当就会引起火灾。如棉纺厂的电动机振动时,就有可能使接头松动,产生接触电阻过大,因局部温度升高引燃棉尘或飞絮发生火灾。

(3) 防止接触电阻过大的措施

①应尽量减少不必要的接头,对于必不可少的接头,必须紧密结合,牢固可靠。

②铜芯导线采用绞接时,应尽量再进行锡焊处理,一般应采用焊接和压接。

③铜铝相接应采用铜铝接头,并用压接法连接。

④经常进行检查测试,发现问题,及时处理。

为了防止或减少配电线路事故的发生,必须按照电气安全技术规程进行设计,安装使用时要严格遵守岗位责任制和安全操作规程,加强维护管理,及时消除隐患,保障用电安全。

(二) 电器安全

1. 灯具防火

灯具引发的安全事故,是电器火灾中最容易发生的,其中比较常见的有白炽灯、卤钨灯。白炽灯表面温度高，灯丝温度极高，在使用过程中不得紧靠可燃物或者用纸罩紧贴其上遮光、聚光，尤其是功率较大的灯泡。卤钨灯和白炽灯一样都是利用电阻丝的高温热辐射发光。但是卤钨灯的灯丝温度比普通白炽灯高很多，不仅在短时间内烤着接触灯管外壳的可燃物，而且其高温辐射也可以将距灯管一定距离内的可燃物点燃，所以要更加注意可燃物与灯具的距离。

2. 电冰箱防火

电冰箱是利用低沸点液体制冷物质在汽－液两种状态相互转化过程中的吸热和放热原理来工作的，目前使用的基本为电动机压缩式冰箱。电冰箱的压缩机、冷凝器在正常工作时，表面温度比较高，压缩机允许的温升范围为 55～75℃，在环境温度高的夏季，或电压过高过低时，压缩机表面温度高达 85～105℃。在这种情况下，如果有易燃物紧靠压缩机，时间长就可能被引燃。如果压缩机停电又立即启动，可能因为排气端有大气压，烧毁电动机起火。冷凝器如果散热不好，也会影响压缩机工作。电源线紧靠压缩机和冷凝器也会因烘烤而老化，从而发生漏电。冰箱内部电气部件，由于冰箱内湿度较大，如果放置易燃物，也容易因偶然火化发生燃烧或者爆炸。

电冰箱在使用中应当除去所有包装，还应在四周留下通畅的通风散热空间。电源线不要紧靠压缩机和冷凝器。冰箱内不要储存乙醚等低沸点易燃液体。冰箱工作时，不要连续切断和接通电源。

3. 空调机防火

空调机的工作原理与电冰箱相同，但功率远远大于电冰箱。电动机、电阻元件在长时间使用下都容易引发事故，在使用中要注意：①可燃物与空调机的距离；②空调机的电源插座和供电线路要专用,导线应具备足够的载流量;③空调机必须采取接地和接零保护;④如果遇到雷雨天气,最好不使用空调机;⑤如果有烧焦味或冒出黑烟,必须立即拔下电源插头,请专业人员进行维修;⑥不要短时间内连续切断、接通空调机的电源,当停电或拔掉电源后,一定要将开关置于"停"。

4. 电视机防火措施

电视机一般都在低电压、小电流下工作,出现事故的可能性小,但是如果在高电压下工作,就会使稳压管长期工作,时间过长烧毁稳压管,引起相关电路故障,另外如果在通风条件不良的环境中工作,机内热量就得不到很好的散发,从而加速器件老化,产生故障甚至短路起火。另外还需要防尘、防液体进入机内。

具体的预防措施有:

(1)电视机要放在通风良好的地方,不要放在柜、橱中,如果要放在柜、橱中,其柜、橱上应多开些孔洞(尤其是电视机散热孔的相应部位),以利通风散热。

(2)电视机不要靠近火炉、暖气管。连续收看时间不宜过长,一般连续收看4~5小时后应关机一段时间,高温季节尤其不宜长时间收看。

(3)电源电压要正常,看完电视后,要切断电源。

(4)电视机应放在干燥处,在多雨季节,应注意电视机防潮,电视机若长期不用,要每隔一段时间使用几小时。电视机在使用过程中,要防止液体进入电视机。

(5)室外天线或共用天线要有防雷设施。避雷器要有良好的接地,雷雨天尽量不用室外天线。

(6)电视机冒烟或发出焦味,要立即关机。若是电视机起火,应先拔下电源插头,切断电源,用干粉灭火器灭火,没有灭火器时，可用棉被、棉毯将电视机盖上，隔绝空气，窒息灭火。切记不可用水浇，因为电视机此时温度较高，显像管骤然受冷会发生爆炸。

5. 其他防火

其他经常使用的电器如：电风扇、电热毯、电暖器、电热杯、电吹风等，都容易造成安全事故，因为电器产品众多，这里不一一赘述，使用过程中一定要严格按照使用说明使用，注意热敏元件和电动元件的故障，大功率的电器设备一定要有专用电源插座和线路，一旦发生事故，要马上切断电源，采取合适的灭火方式。

（三）电气装置安全

（1）开关安装位置不恰当，特别是安装在可燃物体上的开关，因为在导线引出处护套被擦伤，使线芯裸露或雨水等侵入造成短路打火；家庭厨房使用煤气、液化石油气、天然气等可燃气体，因管道或阀门泄漏，可燃气体与空气混合后达到爆炸极限时，开闭开关产生火花引起火灾或爆炸；悬吊在床上使用的悬吊式开关，往往会因开闭开关随手一放，开关撞击床架、墙壁使外壳被损坏，这样就会造成短路打火，而且小孩触摸到也会触电。

（2）插座被易燃物质压住或粉尘落入，造成短路发热燃烧；如果插头损坏不及时进行更换，而用裸露线头代替插头插入插座，这时极易造成短路或产生强烈火花，引起可燃物质起火。

（3）平装式插头或螺口灯应配用的硬线线端剥皮过长，造成短路或接触不牢，接触电阻过大；安装灯座过程中拧转灯座而使电线绞在一起，或裸露线芯过多，散开后碰到另一端而造成短路打火；带插座的吊灯座（包括双相、三相）配用的负荷电源线截面较小，这时如果使用功率过大的电熨斗、电饭煲、洗衣机等家用电器，就会使电源线芯发热甚至着火燃烧；吊灯座如果装于狭小及通风不良的厨房,时间过长会在灯座接线周围积聚一些烟油物质,这些污物不是绝缘的,往往会引起短路,使灯泡不亮甚至烟油燃烧引起火灾。

问题与思考

1. 人员密集场所主要发生什么事故?
2. 人员密集场所的安全生产和生产型企业安全生产最大差异性?
3. 如果你是一个超市的公司老板,你们公司的安全工作都由哪些部门负责?
4. 事故分类可以按照哪些标准分类?
5. 老张是一家五星级饭店的副总,分管安全工作,他应该检查哪些场所和部位?
6. 电气的使用过程中如何产生事故?

第三章 人员密集场所日常安全管理

第一节 人员密集场所常用安全管理制度

> **收益点**
> ◆ 探讨人员密集场所安全管理的常用管理制度
> ◆ 学习常用的安全管理方法
> ◆ 学习如何运用这些安全管理方法

一、安全责任制

安全责任制在很多法律里面都有明确要求，在《安全生产法》中，称之为"安全生产责任制"，在《消防法》中称之为"防火安全责任制"。

《安全生产法》第四条规定："生产经营单位必须遵守本法和其他有关安全生产的法律、法规，加强安全生产管理，建立、健全安全生产责任制度，完善安全生产条件，确保安全生产。""第十七条 生产经营单位的主要负责人对本单位安全生产工作负有下列职责：（一）建立、健全本单位安全生产责任制；……"

《消防法》第二条规定："消防工作贯彻预防为主、防消结合的方针，坚持专门机关与群众相结合的原则，实行防火安全责任制。"

那么，什么是安全责任制呢？安全责任制是根据我国"安全第一、预防为主、综合治理"的安全生产方针，建立的各级领导、各职能部门及其工作人员、各岗位人员对安全层层负责的制度，它明确了每个岗位、每个人在安全生产方面应该做的事情和应负的责任。

安全责任制是生产经营单位岗位责任制和经济责任制度的重要组成部分，是生产经营单位各项安全生产规章制度的核心，同时也是生产经营单位最基本的安全管理制度。

安全责任制是经长期的安全生产管理实践证明的成功制度与措施，它来自我国企业的安全生产责任制。这一制度与措施最早见于国务院1963年3月30日颁布的《关于加强企业生产中安全工作的几项规定》（即《五项规定》）。《五项规定》中要求，企业的各级领导、职能部门、有关工程技术人员和生产工人，各自在生产过程中应负的安全责任，必须加以明确的规定。

建立安全生产责任制的目的，一方面是增强生产经营单位各级领导、各职能部门及其工作人员、各岗位人员对安全的责任感；另一方面明确生产经营单位中各级领导、各职能部门及其工作人员、各岗位人员在安全中应履行的职责和应承担的责任，以充分调动各级人员和各部门在安全生产方面的积极性和主观能动性，确保安全工作。

生产经营单位的安全生产责任制的核心是实现安全生产的"五同时"，就是在计划、布置、检查、总结、评比生产工作的时候，同时计划、布置、检查、总结、评比安全工作。其内容大体可分为两个方面：一是纵向方面各级人员的安全生产责任制，即各类人员（从最高管理者、管理者代表到一般职工）的安全生产责任制；二是横向方面各职能部门（如安全、设备、技术、生产、基建、人事、财务、设计、档案、培训、宣传等部门）的安全生产责任制。

　　安全生产是关系到生产经营单位全员、全层次、全过程的大事，因此，生产经营单位必须建立安全生产责任制。把"安全生产，人人有责"从制度上固定下来。从而增强各级管理人员的责任心，使安全管理纵向到底、横向到边，责任明确、协调配合，共同努力把安全工作真正落到实处。安全责任体系如图3-1所示。

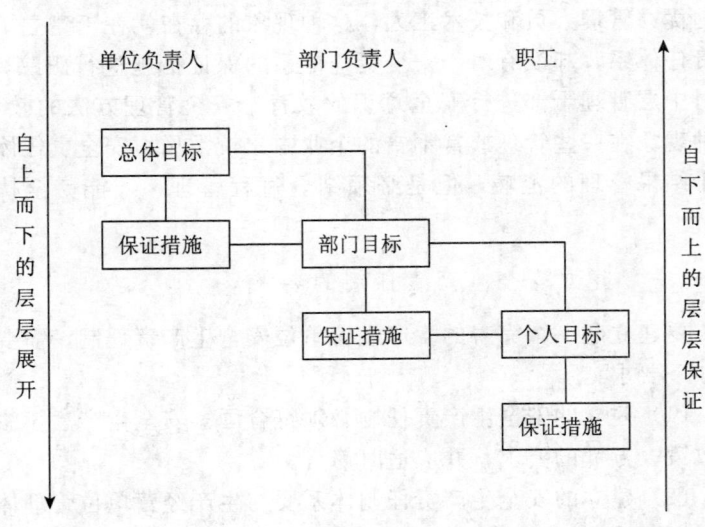

图 3-1　安全责任体系

　　安全责任体系就是安全目标与责任体系挂钩，把安全目标网络化、细分化，把安全责任网络化、细分化。现在很多企业建立了安全生产责任制，却始终停留在表面工作。现实中，存在三种现象：一种是把安全生产责任制当成文件束之高阁，当成应付领导检查的文件，这种现象是由于企业的领导管理不到位，安全意识薄弱，没有意识到安全事故会给企业的经营带来什么样的风险；另一种是扎扎实实地想建立一种责任体系，但是只是把安全的目标分解了，把安全责任分解了，却无法形成责任体系，这种企业的出发点是好的，具备了一定的安全意识，但是却无法形成责任体系，这是由于安全责任体系没有与奖惩机制、追究机制良好地挂钩或者追究没有执行到位所致，这种现象导致制定了制度，不如不制定，制定了引出更多的利益纠纷；还有一种，就是安全责任体系建立了，安全目标分解了，执行也到位了，结果出了很多的问题，处理了一大批干部，安全治理好了，却损失了大量的优秀管理人员和技术工人，这种现象的存在就在于建立了安全责任体系，却没有对于安全责任体系的保证措施进行跟踪，没有对中层管理干部进行安全意识的教育、安全管理方法的教育，这种现象在一些管理非常不错的企业中比较常见。安全责任体系属于结果管理的范畴，但是必须结合过程管理，才能完全执行到位。

（一）建立安全生产责任制的要求

要建立起一个完善的生产经营单位安全生产责任制，需要达到如下要求：

（1）建立的安全生产责任制必须符合国家安全生产法律法规和政策、方针的要求，并应适时修订。

（2）建立的安全生产责任制体系要与生产经营单位管理体制协调一致。

（3）制定安全生产责任制要根据本单位、部门、班组、岗位的实际情况，明确、具体，具有可操作性，防止形式主义。

（4）制定、落实安全生产责任制要有专门的人员与机构来保障。

（5）在建立安全生产责任制的同时建立安全生产责任制的监督、检查等制度，特别要注意发挥职工群众的监督作用，以保证安全生产责任制得到真正落实。

（二）安全生产责任制的主要内容

1. 生产经营单位主要负责人

生产经营单位的主要负责人是本单位安全生产的第一责任者，对安全生产工作全面负责。其职责为：

（1）建立、健全本单位安全生产责任制；

（2）组织制定本单位安全生产规章制度和操作规程；

（3）保证本单位安全生产投入的有效实施；

（4）督促、检查本单位的安全生产工作，及时消除生产安全事故隐患；

（5）组织制定并实施本单位的生产安全事故应急救援预案；

（6）及时、如实报告生产安全事故。

2. 生产经营单位其他负责人

生产经营单位其他负责人在各自职责范围内，协助主要负责人搞好安全生产工作。

3. 生产经营单位职能管理机构负责人及其工作人员

职能管理机构负责人按照本机构的职责，组织有关工作人员做好安全生产责任制的落实，对本机构职责范围内的安全生产工作负责；职能机构工作人员在本人职责范围内做好有关安全生产工作。

4. 班组长

班组安全生产是搞好安全生产工作的关键，班组长全面负责本班组的安全生产，是安全生产法律、法规和规章制度的直接执行者。贯彻执行本单位对安全生产的规定和要求，督促本班组的工人遵守有关安全生产规章制度和安全操作规程，切实做到不违章指挥，不违章作业，遵守劳动纪律。

5. 岗位工人

岗位工人对本岗位的安全生产负直接责任。要接受安全生产教育和培训，遵守有关安全生产规章和安全操作规程，不违章作业，遵守劳动纪律。特种作业人员必须接受专门的培训，经考试合格取得操作资格证书后，方可上岗作业。

二、安全例会制度

安全生产例会是安全生产管理工作中的经常性、基础性工作，对于贯彻安全生产的方针政策、研究制定安全防范措施、总结安全管理经验教训、完善安全生产管理制度、树立安全生产观念、提高全员安全技能、保障从业人员的安全和健康等有着重要的作用。

安全生产例会的召集人和主持人应当是人员密集场所经营单位的主要负责人，参加例会的人员应当包括人员密集场所经营单位主要管理人员。

人员密集场所经营单位安全生产例会所要分析和解决的内容涉及安全生产的所有方面及过程，包括对法律法规的遵守情况和安全生产责任制落实情况的检查，对前段安全工作的检查分析处理、对后期工作的安排部署等。

在现实管理实践中，人员密集场所经营单位安全生产例会制度的实施存在着以下问题：一是对安全生产例会制度的重要性认识不足。认为安全生产工作由几个负责人研究就可以了，没有必要兴师动众召开所有管理人员参加的例会研究安全生产问题，没有认识到安全生产工作是人员密集场所的重要问题。主要负责人、分管负责人、各部门负责人都应当参加，动员所有的管理力量齐抓共管才能做好安全生产工作。二是会议主题与内容不明确。会前没有确立明确主题，缺乏主旨，而是把主要精力用在讲评、布置任务上,忽视分析安全形势、了解掌握从业人员安全生产观念和研究制定安全生产对策这一重要环节,导致开会"跑题"。三是贯彻不足,措施制度落实不到位。有的人员密集场所经营单位以会议落实会议,上级开一个会,例会上就开一个同样的会,上级发什么文件,就传达什么文件,照本宣科,而对于具体安全生产工作措施和制度的贯彻落实没有认真研究,拿不出有效的对策。

造成人员密集场所经营单位安全生产例会形式化的原因是多方面的,既有主要管理人员安全生产思想观念上的原因,也有其工作方法、能力上的原因;既有规章制度上的原因,也有人员密集场所经营单位制度不完善的原因。

召开安全生产例会,应该建立完善的会议记录,并且在会后严格落实安全生产例会的内容。记录和落实情况表明了例会制度是否发挥了应有的功能,即是否真正定期研究了本单位安全生产工作,是否真正制定了有效的安全生产措施,是否真正对措施的实施情况进行了检查。许多单位也召开安全生产例会,但是只是走过场、走形式,没有明确的目的。这样的例会不如不召开,耽误时间,耽误办事效率,把任何事情停留在敷衍了事,只会把安全隐患埋藏得更深。

三、安全检查制度

安全检查是指对安全管理中可能存在的隐患、有害与危险因素、缺陷等进行查证,以确定隐患或有害与危险因素、缺陷的存在状态,以及它们转化为事故的条件,以便制定整改措施,消除隐患和有害与危险因素,确保安全。

安全检查是安全管理工作的重要内容,是消除隐患、防止事故发生、改善劳动条件的重要手段。通过安全检查可以发现生产经营单位生产过程中的危险因素,以便有计划地制定纠正措施,保证生产的安全。安全生产检查的类型如下。

1. 定期安全检查

定期检查一般是通过有计划、有组织、有目的的形式来实现的。如次/年、次/季、次/月、次/周等。检查周期根据各单位实际情况确定。定期检查的面广，有深度，能及时发现并解决问题。

2. 经常性安全检查

经常性检查则是采取个别的、日常的巡视方式来实现的。在经营过程中进行经常性的预防检查，能及时发现、及时消除隐患，保证经营正常进行。根据人员密集场所的实际情况，我们把经常性安全检查又分为两种。一是全面检查。所谓全面检查，主要是指有间歇期的人员密集场所经营单位，在营业开始前、营业中、营业结束后，对各种涉及安全生产的要素，营业场所的各个安全设施都要进行相应的安全检查，以确保各种安全设施运转良好。二是安全巡查。人员密集场所在营业中，安全管理人员在一定时间间隔后，对人员密集场所进行一次巡查，这个时间间隔一般控制在两小时以内，巡查主要针对人员密集场所内重要的危险源和容易发生事故的区域和部位。

3. 季节性及节假日前安全检查

由各级生产单位根据季节变化，按事故发生的规律对易发生的潜在危险，突出重点进行季节检查。如冬季防冻保温、防火、防煤气中毒；夏季防暑降温、防汛、防雷电等检查。

由于节假日（特别是重大节日，如元旦、春节、劳动节、国庆节等）前后容易发生事故，因而应进行有针对性的安全检查。

4. 不定期巡视安全检查

安全生产检查的内容应当包括：软件系统和硬件系统。软件系统主要是查思想、查意识、查管理、查隐患整改。硬件系统主要是查生产设备、查辅助设施、查安全设施、查作业环境。

安全生产检查应当本着突出重点的原则进行。大规模、高层次的检查，应当制定周密的安全生产检查计划。具体来说对于经常性的检查内容，应当包含：应急照明设施是否正常，消防通道及出口是否通畅，消防设施配备是否符合要求，消防监控室运转是否正常，特种设备运转是否正常，变配电室的运转是否符合要求，电视监控设备及电源线路是否正常，易燃易爆危险物品，压力容器和容易发生工伤、火灾、爆炸的其他设备、场所及管理人员。

四、安全培训制度

（一）安全生产教育培训的基本要求

生产经营单位的安全教育工作是贯彻经营单位方针、目标，实现安全生产、文明生产、提高员工安全意识和安全素质、防止产生不安全行为、减少人为失误的重要途径，安全生产教育制度作为加强安全生产管理，进行事故预防的重要而且有效的手段，其重要性首先在于提高经营单位管理者及员工做好安全生产管理的责任感和自觉性，帮助其正确认识和学习职业健康安全法律、法规、基本知识。其次是能够普及和提高员工的安全技术知识，增强安全操作技能，从而保护自己和他人的安全与健康。

《安全生产法》对安全生产教育培训作出明确规定。

第二十条　生产经营单位的主要负责人和安全生产管理人员必须具备与本单位所从事的生产经营活动相应的安全生产知识和管理能力。

第二十一条　生产经营单位应当对从业人员进行安全生产教育和培训，保证从业人员具备必要的安全生产知识，熟悉有关的安全生产规章制度和安全操作规程,掌握本岗位的安全操作技能。未经安全生产教育和培训合格的从业人员,不得上岗作业。

第二十二条 生产经营单位采用新工艺、新技术、新材料或者使用新设备,必须了解、掌握其安全技术特性,采取有效的安全防护措施,并对从业人员进行专门的安全教育和培训。

第二十三条 生产经营单位的特种作业人员必须按照国家有关规定经专门的安全作业培训,取得特种作业操作资格证书,方可上岗作业。特种作业人员的范围由国务院负责安全生产监督管理部门会同国务院有关部门确定。

第三十六条 生产经营单位应当教育和督促从业人员严格执行本单位的安全生产规章制度和安全操作规程;并向从业人员如实告知作业场所和工作岗位存在的危险因素、防范措施以及事故应急措施。

第五十条 从业人员应当接受安全生产教育和培训,掌握本职工作所需的安全生产知识,提高安全生产技能,增强事故预防和应急处理能力。

为贯彻落实《安全生产法》,原国家安全生产监督管理局下发了《关于生产经营单位主要负责人、安全生产管理人员及其他从业人员安全生产培训考核工作的意见》、《关于特种作业人员安全技术培训考核工作的意见》。2004年,又出台了国家安监局令《安全生产培训管理办法》。2006年国家安监总局令第3号发布了《生产经营单位安全培训规定》,以上法规对各类人员的安全培训内容、培训时间作出了具体规定。

(二)安全生产教育培训的对象和内容

1. 生产经营单位主要负责人的安全生产教育培训

(1)基本要求

主要负责人必须按照国家有关规定进行安全生产培训;所有

单位主要负责人每年应进行安全生产再培训。

(2) 培训主要内容

①国家有关安全生产的方针、政策、法律和法规及有关行业的规章、规程、规范和标准;

②安全生产管理的基本知识、方法与安全生产技术,有关行业安全生产管理专业知识;

③重大事故防范、应急救援措施及调查处理方法,重大危险源管理与应急救援预案编制原则;

④国内外先进的安全生产管理经验;

⑤典型事故案例分析。

(3) 对培训时间的要求

主要负责人安全生产管理培训时间不得少于 24 学时;每年再培训时间不得少于 8 学时。

2. 对安全生产管理人员的培训要求

(1) 基本要求

安全生产管理人员必须按照国家有关规定进行安全生产培训;所有单位安全生产管理人员每年应进行安全生产再培训。

(2) 培训主要内容

①国家有关安全生产的方针、政策、法律和法规及有关行业的规章、规程、规范和标准;

②安全生产管理知识、安全生产技术,劳动卫生知识和安全文化知识,有关行业安全生产管理专业知识;

③工伤保险的政策、法律、法规;

④伤亡事故和职业病统计、报告及调查处理方法;

⑤事故现场勘验技术,以及应急处理措施;

⑥重大危险源管理与应急救援预案编制;

⑦国内外先进的安全生产管理经验;

⑧典型事故案例分析。

(3) 对培训时间的要求

安全生产管理人员安全生产管理培训时间不得少于24学时；每年再培训时间不得少于8学时。

3. 对生产经营单位其他从业人员安全生产的教育培训

(1) 生产经营单位其他从业人员

生产经营单位其他从业人员（简称"从业人员"）是指除主要负责人和安全生产管理人员以外，该单位从事生产经营活动的所有人员，包括其他负责人、管理人员、技术人员和各岗位的工人，以及临时聘用的人员。

(2) 新从业人员

新从业人员安全生产教育培训时间不得少于24学时。危险性较大的行业和岗位，教育培训时间不得少于48学时。

(3) 调整工作岗位或离岗一年以上重新上岗的从业人员

单位要确立终身教育的观念和全员培训的目标，对在岗的从业人员应进行经常性的安全生产教育培训。

4. 特种作业人员的安全生产教育

特种作业是指在劳动过程中容易发生伤亡事故，对操作者本人，尤其对他人和周围设施的安全有重大危害的作业。从事特种作业的人员称为特种作业人员。

对于人员密集场所来说，特种作业的范围包括：电工作业，金属焊接、切割作业，起重机械（含电梯）作业，企业内机动车辆驾驶，登高架设作业，锅炉作业（含水质化验），压力容器作业，制冷作业，爆破作业，危险物品作业，经国家局批准的其他作业。

特种作业人员上岗作业前，必须进行专门的安全技术和操作技能的培训教育，增强其安全生产意识，并获得证书后方可上岗。特种作业人员的培训推行全国统一培训大纲、统一考核教材、统一证件的制度。

特种作业人员安全技术考核包括安全技术理论考试与实际操作技能考核两部分,以实际操作技能考核为主。《特种作业人员操作证》由国家统一印制,地、市级以上行政主管部门负责签发,全国通用。离开特种作业岗位达 6 个月以上的特种作业人员,应当重新进行实际操作考核,经确认合格后方可上岗作业。取得《特种作业人员操作证》者,每两年进行一次复审。连续从事本工种 10 年以上的,经用人单位进行知识更新教育后,每 4 年复审 1 次。复审的内容包括:健康检查、违章记录、安全新知识和事故案例教育、本工种安全知识考试。未按期复审或复审不合格者,其操作证自行失效。

(三) 安全培训制度实践

为确保企业的安全生产,提高全员的自我保护和保护他人意识,在员工中牢固树立"安全第一"的思想,使员工懂得安全生产的基本知识,掌握安全生产的操作技能,特制定本制度。

(1) 培训计划的制定。根据企业制定的年度培训计划,由安全生产管理部门负责制定半年、季度、月培训计划;各车间、班组根据企业的培训计划,制定相应的培训计划。

(2) 培训的原则。要本着"要精、要管用"的原则,培训应有针对性和实效性。

(3) 培训的形式。学习可采取灵活多样的培训形式。如每天的班前班后会上说明安全注意事项,安全活动日,安全生产会议,各类安全生产业务培训班,事故现场会,张贴安全生产招贴画、宣传标语及标志,安全文化知识竞赛等。

(4) 建立培训档案,实行登记存档制度。要建立培训台账,培训结束后培训计划、培训名单、课程表等有关资料存入培训档案。

第二节 员工安全行为管理

> **收益点**
> ◆ 探讨如何强化员工安全意识
> ◆ 如何通过安全意识影响员工安全行为
> ◆ 探索安全行为养成的办法

一、规范员工安全行为的重要性

东莞名典咖啡屋火灾

2007年12月12日,东莞市樟木头镇怡安街33号的名典咖啡语茶店发生火灾,过火面积368 m^2,造成10人死亡、1人重伤。火灾中首层所有人员顺利逃生,10名死者均在第2层被发现。起火建筑共有6层,第1和第2层为名典咖啡语茶店,设有一部疏散楼梯,首层后侧设置独立厨房;3~6层为住宅,另设了一部独立疏散楼梯。发生火灾时,名典咖啡语茶厅正在营业,客人不是很多,顾客主要集中在2楼。首层有4名服务员和4名厨房工作人员,2层有3名服务员和6名新员工,正在包厢门外开交接班短会。(注:后死亡1人,共11人死亡)

这次火灾本来并不大,但造成如此多的人员伤亡,主要原因有:

1. 员工不懂基本用电常识

据调查,火灾发生前,咖啡厅内的空调设备已因负荷过大等原因自行跳闸，但员工还没等专业人员对电气设备检修、排除故障前，竟然多次强行合闸接连，致使部分电气设备因发生故障引发火灾。

2. 员工自防自救能力差

最先发现火灾的是一楼的服务员，着火点在楼梯口旁边的空调位置。一楼厨房的工作人员用灭火器灭火，直到火势无法控制时才报警，耽误了火灾扑救的最佳时机，导致火势在短时间内蔓延扩大。而且发生火灾时，咖啡厅的员工没有及时组织厅内人员疏散，尤其是没有及时通知二楼人员逃生，导致火灾后果扩大。

……

从上面可以看出，本来的小事故，由于员工采取的不正确的行为，造成了群死群伤的事故，我们来看图3-2。

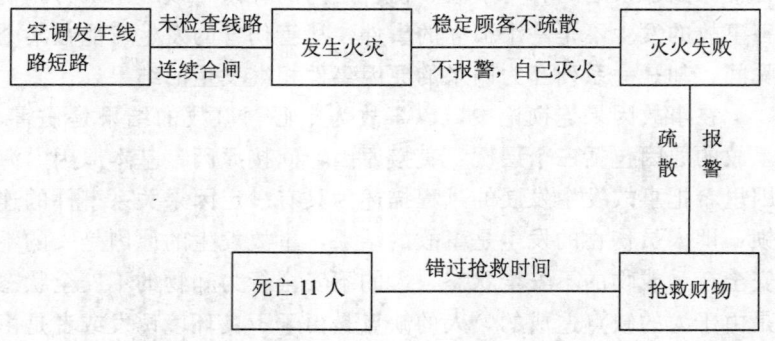

图3-2 东莞火灾过程图

从图3-2可以看出，本来就是一场小隐患，如果在空调发生线路短路后，及时查找原因，消除隐患，然后重新投入使用，那么一场大的事故，完全可以避免，极其简单的道理，发现问题，怎么也需要分析问题，解决问题，可是就是这么一个小的短路，造成了火灾,如果发生了火灾,及时报警,及时疏散,可能不会有人员伤亡或者起码不会有这么多的人员伤亡,可是事情就偏偏这么发生了。

回顾事实,我们不禁问几个为什么,为什么员工不查找线路呢?为什么不紧急疏散呢?为什么不及时报警呢?这些不安全行为背后是什么样的安全意识呢?员工是否有安全知识?我们的管理是否对不安全行为进行监督呢?

这样的事故几乎天天在上演,几乎每一个事故背后都有人的原因的存在,我国的人员密集场所一次次大的火灾在上演,几乎都是那么几个简单的原因,无非就是明火、用电火灾等等,踩踏事故多次发生,几乎都是发生在大型促销活动中,为什么我们在一块石头上,要一次一次的跌倒,无法避免?

海因里希首先提出了事故因果连锁论,用以阐明导致事故的各种原因因素之间和与事故、伤害之间的关系。该理论认为,伤害事故的发生不是一个孤立的事件,尽管伤害的发生可能在某个瞬间,却是一系列互为因果的原因事件相继发生的结果。

在事故因果连锁论中,以事故为中心,事故的结果是伤害,事故的原因包括三个层次:直接原因,间接原因,基本原因。海因里希把事故发生发展的过程描述为具有一定因果关系事件的连锁,即人员伤亡的发生是事故的结果,事故发生的原因是人的不安全行为或物的不安全状态,人的不安全行为和物的不安全状态是由于人的缺点造成的,人的缺点是由于不良环境诱发或者是由先天的遗传因素造成的。

海因里希将事故因果连锁过程概括为以下 5 个因素:遗传和社会环境,人的缺点,人的不安全行为或物的不安全状态,事故,伤害。海因里希用多米诺骨牌来形象地描述这种事故因果连锁关系。在多米诺骨牌系列中,一颗骨牌被碰倒了,则将发生连锁反应,其余的几颗骨牌相继被碰倒。如果移去中间的一颗骨牌，则连锁被破坏，事故过程被中止。他认为，企业安全工作的中心就是防止人的不安全行为，消除机械的或物质的不安全状态，中断事故连锁的进程而避免事故的发生。

那如何避免员工的不安全行为呢？

二、规范员工行为

故　事

曾经有这么一个故事。哲人指着一块荒草地问：怎么样才能把野草除掉呢？有人说：火烧。哲人否定了，明年春天野草又杂生遍地了。有人说：锄掉。哲人否定了，过几天草根又要发芽了。有人说：翻一遍地。哲人又否定了，过几天野草又会长出来的。这时有人说：在这块荒草地上播种，让其长出庄稼。哲人点头肯定了。

对啊，怎么除草，野草仍要发芽，它还会生长出来的，这块土地仍旧是荒草地。但要是播上种，让地里长庄稼。庄稼茂盛了，再加上人工锄草，野草尽管还有，但长不起来了，地就不再是荒草地了。

我们再来看一组箴言，应该对我们如何规范员工行为有所感悟。

第一条箴言：习惯仿佛像一根缆绳，我们每天给它缠上一股新索，要不了多久，它就会变得牢不可破。

第二条箴言：人类所有优点都要变成习惯才有价值，即使"爱"这样一个永恒的主题，你也必须通过不断的修炼，变成你的习惯，才会真正化为你的行动。

第三条箴言：很多好的观念、原则，我们"知道"是一回事，但知道了是否能"做到"是另一回事。这中间必须架起一座桥，这桥便是习惯。

第四条箴言：科学家研究发现，一个习惯的养成需要 21 天的时间，这 21 天是个平均数，但习惯一旦养成就将终生受用。

第五条箴言：任何一个习惯的培养都不会是轻而易举的，因此一定要遵循循序渐进、由浅入深、由近及远、由渐变到突变的原则。

在这里，我们看到了习惯对于人生的重要性：如果我们养成了一个好习惯，我们将受用终生；相反，如果养成一个坏习惯，也将对自己贻害无穷。那么如果我们把人员密集场所的职业安全养成习惯，那么我们就可以避免很多事故。

可是好习惯如何养成呢？大多数人都有这样的体会：知易行难。其实就是在员工和企业中建立一种安全文化，让员工养成良好的安全意识，并且做到知行合一。那什么叫做安全文化，说法不一，总的来说就是单位和员工共同的安全意识、安全态度、安全责任、安全能力、安全行为方式的总和。而这种安全文化必须是伴随着人员密集场所的生产经营活动实践而产生的，体现了组织和员工对于安全的认识程度；这种安全文化必然体现的是单位领导者和员工共同的安全理念和价值观；这种文化塑造和规范了员工和整个团队的安全行为，形成了制度，把文化制度化，来源于实践，并且指导实践，形成文化与制度的互动。

三、整合安全理念

要建立一种文化，来指导人的行为，不是一件容易的事情，尤其是建立一种安全文化，过程中可能涉及与生产经营单位利益的冲突。

一个企业的安全文化的形态体系包含安全观念文化、安全行为文化、安全管理文化、安全物态文化。其中，安全观念文化是安全文化的精神层，安全行为文化和安全管理文化是安全文化的制度层，安全物态文化是安全文化的物质层。如果我们把安全文化比喻成一棵大树,那么安全观念文化就是树木的根,安全管理文化就是树干和树皮,安全行为文化就是枝丫,安全物态文化就是叶子和花朵。根决定了树的生命力的强弱,安全的价值观决定着企业安全文化的形式和制度,只有决策层和员工秉承一种安全价值观,才可能制定出合适的安全管理制度,才可能在单位行为和员工行为中表现出对于安全的追求。

安全观念文化主要是指决策层和员工共同接受的安全意识、安全理念、安全价值标准。企业应该建立正确的安全观念,例如:以预防为主的观念,安全也是生产力的观念,安全第一的观念,安全是生活质量的观念,安全管理科学化的观念,自我保护的安全意识,防患于未然的安全意识等等。

在这其中,企业家的安全观念起到了非常重要的作用。一个企业对安全的认识程度受到企业家的很大影响。企业家是企业的拥有者和经营者,员工是受聘于企业家代表的企业,对于一个企业倡导什么样的安全意识,受到企业家安全观念的左右。一个企业存在的根本目的,就是为了赢得利润,赢得更多的剩余价值。那么追求安全,需要企业投入人力、物力、财力去宣传安全意识、培训安全知识、塑造安全文化,在具体的经营过程中,要控制人员高度聚集,加强安全设施的投入,这和企业赢得最大的利润,从短期眼光看,是有一定冲突的,所以支持力度未必很大,所以在塑造一个企业的安全观念文化时,企业家的安全观念起到举足轻重的作用。只有能够看到安全工作的长远利益的企业家,只有透过事故隐患看到战略风险、政治风险、生存风险的企业家,才可能对建立安全文化积极支持,并且身体力行,影响整个企业的安全观念文化。

但是企业的安全观念文化不仅仅是企业家安全观念,它还应该包括企业各个员工的安全观念。因为企业安全文化终归要付诸实践,企业安全文化终究要通过管理制度来约束,通过全体员工的行为来体现,如果企业家安全文化代替了企业安全观念文化,那么企业安全文化就成了"空中楼阁",无法落地。大家都听说过,军队步伐一致,产生的共振现象可以踏塌一座桥。只有把企业家的安全观念和员工的安全观念整合,才可以形成共振现象,让更多的人接受企业的安全观念文化。

安全理念共振,就是让企业倡导的安全价值观和安全理念与员工保持相同或者相近的"频率",使企业倡导的与员工的所想所盼产生共鸣,以激发出员工做好安全工作的最大效能。

1. 找准共振点

共振的前提和基础是必须有一个共振点。这个共振点就是每名员工都能感同身受,并和企业的发展、员工的利益息息相关的共同愿景、共同目标。它是整个企业安全工作的方向,是员工职业健康、工作安全的价值导向,是将客户安全与自己利益捆绑在一起的价值观念。唯有如此,员工与企业才能形成共振。所以首先解决的问题,就是要统一企业和员工的安全观念,形成共同体。作为人员密集场所的经营单位,应该向员工昭示的安全愿景是:使每一个顾客更安全、更满意,使每一个员工更安全、更健康、更文明。安全目标应该是零伤亡。

2. 整合安全理念

安全理念是安全管理的灵魂,是安全文化的核心,也是指导安全生产的信条。把共振点转化为容易宣传的安全目标、安全价值观,可以加深员工的认识,同时提高认可度。

3. 安全承诺

安全承诺是全体员工对于安全工作所表明的态度和境界,它是激励员工保证安全的重要途径,是安全文化建设的重要内容。尤其是各级管理者的安全承诺,是管理者用自身示范把安全理念传导给广大员工的重要途径。

4. 全员认知

安全理念的认知，就是把企业倡导的安全理念渗透到安全管理的全过程、全要素之中，渗透到各个层面、各个环节之中，这是安全文化培育过程中最重要最艰难的步骤。实现全员理念认知，重点抓好：准确诠释理念，广泛宣贯理念，推行安全宣誓，进行理念延伸开发，用理念整合制度。

四、规范制度，养成安全行为

规范安全行为，是安全文化建设的落脚点，规范安全制度，是安全文化建设的有力保证。理念倡导与渗透，告诉人们怎样思考；行为规范与养成，告诉人们怎样做事。安全理念，最终要落实到行为、行动中，才能产生实际效果，使员工的安全行为从随意到规范，从被动到主动，从无知到求知。

可以从确定行为养成目标、明确行为养成内容、开展行为养成训练展开。

1. 明确行为养成目标

行为养成是一个渐进过程，必须从本单位员工的素质状况出发，确定行为养成长期目标和阶段分解目标。严格按照目标要求，持续开展行为养成训练，促使员工自觉遵守规程，按章办事成为习惯。

2. 明确行为养成内容

安全行为，对人员密集场所重点是管理行为。要制定相应的安全行为规范，行为规范应该包括：①安全行为禁忌，对不安全行为进行危害识别，使全体员工明白自己不能做什么；②日常行为规范，员工从上岗到离岗的行为都要进行规范；③突发情况下行为规范，让员工知道在突发事件发生后，应该采取的措施。

3. 开展行为养成训练

行为养成训练是一个长期渐进的过程,必须通过持续的行为养成训练,才能实现。包括了岗前培训、模拟演练、行为纠偏、实战演练等活动。岗前培训就是新员工在上岗前,必须接受系统的安全培训,熟记安全理念,明确安全禁忌、行为准则,掌握安全知识。模拟演练,就是利用多媒体等形式制作课程,对于危险因素进行分析并开展事故演示。行为纠偏,就是对于经常发生的事情,进行检查,找出不足进行改正。实战演练,就是在工作中正确地处理各种事件。

第三节 人员密集场所疏散

> **收益点**
> ◆ 了解人员密集场所中的疏散问题
> ◆ 学习安全通道、安全出口、应急照明等设置要求
> ◆ 了解常用的疏散方法

近年来,人员密集场所火灾频繁发生,造成严重的经济损失和人员伤亡。如2000年3月29日焦作市天堂音像俱乐部特大火灾、2002年6月16日北京市"蓝极速"网吧特大火灾、2003年2月2日哈尔滨天潭酒店特大火灾、2004年2月15日吉林省中百商厦特大火灾事故,相当一部分火灾伤亡是由于安全出口锁闭、疏散通道堵塞等常见消防违法行为导致的,其危害性非常大。

一、人员密集场所常见火灾危险性

(1) 安全出口数量不足或第二安全出口锁闭。安全出口是火灾发生时最重要的逃生之路，但一些人员密集场所只有一个安全出口或虽设置了两个或两个以上的安全出口，但营业时均上锁，可利用的只有一个。许多群死群伤恶性火灾事故的发生都与安全出口数量不足或第二安全出口锁闭有关。

(2) 常闭式防火门处于开启状态或防火卷帘下堆放杂物。常闭式防火门和防火卷帘的作用是在火灾时关闭或降下来，有效阻止火势、烟气蔓延。在日常工作中，人员密集场所工作人员或者将常闭式防火门推开忘记关门，或者在防火卷帘门下堆放杂物，自然而然地失去其应有的保护作用，导致火灾迅速扩大、蔓延。

(3) 内部装修违章使用大量可燃、易燃材料。人员密集场所为追求美观、舒适及环境档次，大部分采用可燃、易燃材料装修，增加火灾荷载，火灾发生后蔓延速度快，并极易产生大量的有毒气体，顺着窗户、门缝、楼梯间迅速蔓延，扩散到整个空间，使人不到几分钟就会中毒窒息死亡。

(4) 疏散通道封堵或设置金属护栏。如2000年3月29日，焦作市天堂音像俱乐部发生特大火灾，该建筑疏散通道、安全出口严重不足且被堵塞；2003年2月2日，哈尔滨天潭酒店发生特大火灾事故，其二层包房的窗户设铁栅栏，人员无法逃生。

(5) 建筑内消防设施器材缺少、损坏、停用等现象较突出。建筑消防设施对有效预防和扑救火灾至关重要。消防监督执法人员在日常监督检查时，常发现许多人员密集场所灭火器材数量不足或选型不符合要求，甚至已超过使用年限仍然继续使用；有的场所安全出口疏散指示标志设置不明显，火灾事故应急照明灯不合格；有的经营者为了整体效果美观，将室内消火栓等消防设施遮挡、堵塞起来，擅自挪用、拆除；有的场所室内消火栓、疏散指示标志和火灾事故应急照明灯等建筑消防设施虽已配置，但因员工不会操作使用，维护管理不好，不能正常运行，形同虚设。

（6）电气设备使用管理不当，违章用火用电现象较多。有些人员密集场所在建筑装修装潢过程中，只注重环境优雅，品位高档，往往忽视对电气设备和电器线路的规范安装使用，长期处于工作状态，用电量大，容易发热漏电打火。有的场所因使用伪劣电气线路设备，电气故障时有发生。还有的歌舞娱乐场所反复更换业主，经营者对电气线路设备情况不熟悉，往往私拉乱接造成线路和设备过载、老化、接触不良和三相电流不平衡等，还有的临时线路环境复杂，受外力损坏而漏电打火成灾。

二、消防通道问题

根据消防法释义，"疏散通道"，是指走道、楼梯、连廊等；"安全出口"，是指符合国家工程建筑消防技术标准要求的疏散楼梯或直通室外的门。疏散走道和安全出口在火灾发生时是建筑物内人员逃生的关口。"消防车道"，是指供消防人员和消防装备到达建筑物进口或建筑物的通道，是消防车顺利、及时到达火场的必要保障。"消防通道"是指消防人员实施营救和被困人员疏散的通道。比如楼梯口、过道都安有消防指示灯。

《消防法》规定：

第五条 任何单位、个人都有维护消防安全、保护消防设施、预防火灾、报告火警的义务。

第二十一条 任何单位、个人不得损坏或者擅自挪用、拆除、停用消防设施、器材，不得埋压、圈占消火栓，不得占用防火间距，不得堵塞消防通道。

第三十六条 消防车、消防艇以及消防器材、装备和设施，不得用于与消防和抢险救援工作无关的事项。

第四十八条 违反本法的规定，有下列行为之一的，处警告或者罚款：

（一）指使或者强令他人违反消防安全规定，冒险作业，尚未造成严重后果的；

（二）埋压、圈占消火栓或者占用防火间距、堵塞消防通道的，或者损坏和擅自挪用、拆除、停用消防设施、器材的；

（三）有重大火灾隐患，经公安消防机构通知逾期不改正的。

单位有前款行为的，依照前款的规定处罚，并对其直接负责的主管人员和其他直接责任人员处警告或者罚款。

有第一款第二项所列行为的，还应当责令其限期恢复原状或者赔偿损失；对逾期不恢复原状的，应当强制拆除或者清除，所需费用由违法行为人承担。

三、应急照明问题

1. 应急照明的分类

应急照明是在正常照明系统因电源发生故障，不再提供正常照明的情况下，供疏散人员、保障安全或继续工作的照明。

应急照明不同于普通照明，它包括：备用照明、疏散照明、安全照明三种。

（1）备用照明：在正常照明电源发生故障时，为确保正常活动继续进行而设的应急照明部分。通常在下列场所应设置备用照明：①照明熄灭将造成较大政治影响或严重经济损失的场所。如重要的通信中心、广播电台、电视台、发电厂与中心变电所、控制中心、国家和国际会议中心、重要旅馆、国际候机楼、交通枢纽、重要的动力供应站（供热、供气、供油）及供水设施等。②照明熄灭将妨碍消防救援工作进行的场所。如消防控制室、应急发电机房、广播室及配电室等。③因照明熄灭将无法工作和活动的重要的地下建筑。如地铁车站、地下医院、大中型地下商场、地下旅馆、地下餐厅、地下车库与地下娱乐场所等。④照明熄灭将造成现金、贵重物品被窃的场所。如大中型商场的贵重物品售货区、收款台及银行出纳台等。

（2）疏散照明：在正常电源发生故障时，为使人员能容易而准确无误地找到建筑物出口而设的应急照明部分。通常在下列场所应设疏散照明：①人员众多、密集的公共建筑。如大礼堂、大会议室、剧院、电影院、文化宫、体育场馆、大型展览馆、博物馆、美术馆、大中型商场、大型候车厅、候机楼及大型医院等。②大中型旅馆、大型餐厅等建筑。③高层公共建筑、超高层建筑。④人员众多的地下建筑。如地铁车站、地下旅馆、地下商场、地下娱乐场所等以及大面积无天然采光的建筑。⑤特别重要的、人员众多的大型工业厂房。

（3）安全照明：在正常电源发生故障时，为确保处于潜在危险中人员的安全而设的应急照明部分。通常在下列场所应设置安全照明：①工业厂房中的正常照明因电源故障而熄灭时，在黑暗中可能造成人员挫伤、灼伤等严重危险的区域。如刀具裸露而无保护措施的圆盘锯等。②正常照明因电源故障熄灭时，使危重患者的抢救工作不能及时进行，延误急救时间而可能危及患者生命的。如医院的手术室、危重患者的抢救室等。③正常照明因电源故障而熄灭后，由于众多人员聚集，且又不熟悉环境条件，容易引起惊恐而可能导致人身伤亡的场所，或人们难以与外界联系的电梯内等。

我们这里说的应急照明主要是指疏散照明。

2. 应急照明的设置

（1）应急照明灯设置的具体位置包括安全出口、疏散通道和其他重要部位。这些部位在紧急疏散的过程中都是人员的必经区域或者人员密集区域，保证这些部位的照明是十分有必要的。

(2) 应急照明达到地面的最低照度不小于 0.5 勒克斯。照度是表示光线强弱、明暗的亮度单位，它是指光射到一个平面的光通量密度，即每平方米的平面上通过的光量。1 勒克斯照度的光量相当于一根蜡烛的发光量。同一个房间，因为位置不同，距离光源的远近也不同，不同地点的照度也不相同。一般来讲，夜间城市街道照明的照度在 5～30 勒克斯之间。0.5 勒克斯是指应急照明到达地面后的照度规定，而不是指应急照明灯本身的照度。

(3) 疏散应急灯应设在墙面或顶棚上，安全出口标志应设在出口的顶部，疏散的指示标志应设在疏散走道及其转角处距地面 1 m 以下的墙面上，走道疏散标志灯的间距不应大于 20 m。疏散指示标志之所以设在距地面不超过 1 m 的墙面上，是因为这一高度，符合人们行走时，目视前方的习惯，容易发现标志。若设在吊顶上或间距大于 20 m 时，都有被烟气遮挡的可能。

(4) 应急照明灯和灯光疏散指示标志，应设玻璃或其他不燃材料制作的保护罩，保护罩在一定时间内，应防止火灾迅速烧毁应急照明灯和疏散指示标志。

四、安全出口问题

安全出口即各种公共场合的逃生出口。安全出口是人员密集场所的一个重要安全设施，在发生安全事故时，人员密集场所中的所有人员主要通过各个安全出口而迅速逃离事故现场，实施救援的人员也主要通过安全出口进入事故现场营救受困者或者抢救财产。因此保证安全出口畅通是防止发生群死群伤事故的重要措施。

(一) 安全出口设置原则

(1) 不得封闭、堵塞安全出口，不得设置门槛。有的人员密集场所在日常经营中麻痹大意，常常在安全出口摆放、存储物品，更有甚者，为了所谓防盗，用锁或者铁链将部分安全出口锁住，造成极大的事故隐患。2000年洛阳东都商厦火灾，就是因为几个安全出口全部被遮掩或上锁，造成了300多人的死亡。

（2）安全出口的疏散门应当向疏散方向开启，安全出口处不得设置门槛、台阶，疏散门应向外开启，不得采用卷帘门、转门、吊门和侧拉门，门口不得设置门帘、屏风等影响疏散的遮挡物，否则在发生意外故障或者被拥挤人群堵住而失去疏散作用。人员密集场所在营业时必须确保安全出口和疏散通道畅通无阻。1994年发生在乌鲁木齐友谊宾馆的火灾事件，就是因卷帘门不能正常打开造成了人员重大伤亡。台阶，本来是为了人们上下方便而设，但是，在安全出口不能设置，因为疏散人群在惊慌失措之时，很容易在进口方向或者出口方向的台阶上摔倒，从而导致堵塞或者人群相互践踏，这样的事件已经在全国多次发生。

（二）安全出口数量

1. 一般要求

公共建筑和通廊式非住宅类居住建筑中各房间疏散门的数量应经计算确定，且不应少于2个，该房间相邻2个疏散门最近边缘之间的水平距离不应小于5.0 m。当符合下列条件之一时，可设置1个：

（1）房间位于2个安全出口之间，且建筑面积小于等于120 m^2，疏散门的净宽度不小于0.9 m。

（2）除托儿所、幼儿园、老年人建筑外，房间位于走道尽端，且由房间内任一点到疏散门的直线距离小于等于15.0 m，其疏散门的净宽度不小于1.4 m。

（3）歌舞娱乐放映游艺场所内建筑面积小于等于50 m^2 的房间。

2. 对人员密集场所的特殊要求

剧院、电影院和礼堂的观众厅,其疏散门的数量应经计算确定,且不应少于2个。每个疏散门的平均疏散人数不应超过250人;当容纳人数超过2 000人时,其超过2 000人的部分,每个疏散门的平均疏散人数不应超过400人。

体育馆的观众厅,其疏散门的数量应经计算确定,且不应少于2个,每个疏散门的平均疏散人数不宜超过400~700人。

3. 地下、半地下建筑(室)安全出口和房间疏散门的设置规定

(1) 每个防火分区的安全出口数量应经计算确定,且不应少于2个。当平面上有2个或2个以上防火分区相邻布置时,每个防火分区可利用防火墙上1个通向相邻分区的防火门作为第二安全出口,但必须有1个直通室外的安全出口。

(2) 使用人数不超过30人且建筑面积小于等于500 m^2 的地下、半地下建筑(室),其直通室外的金属竖向梯可作为第二安全出口。

(3) 房间建筑面积小于等于50 m^2,且经常停留人数不超过15人时,可设置1个疏散门。

(4) 歌舞娱乐放映游艺场所的安全出口不应少于2个,其中每个厅室或房间的疏散门不应少于2个。当其建筑面积小于等于50 m^2 且经常停留人数不超过15人时,可设置1个疏散门。

(三) 安全出口和走道的宽度

1. 一般原则

安全出口、房间疏散门的净宽度不应小于0.9 m,疏散走道和疏散楼梯的净宽度不应小于1.1 m;不超过6层的单元式住宅,当疏散楼梯的一边设置栏杆时,最小净宽度不宜小于1.0 m。

2. 对人员密集场所的特殊规定

（1）人员密集的公共场所、观众厅的疏散门不应设置门槛，其净宽度不应小于1.4 m，且紧靠门口内外各1.4 m范围内不应设置踏步。

（2）人员密集的公共场所的室外疏散小巷的净宽度不应小于3.0 m，并应直接通向宽敞地带。

（3）剧院、电影院、礼堂、体育馆等人员密集场所的疏散走道、疏散楼梯、疏散门、安全出口的各自总宽度，应根据其通过人数和疏散净宽度指标计算确定。

（4）学校、商店、办公楼、候车（船）室、民航候机厅、展览厅、歌舞娱乐放映游艺场所等民用建筑中的疏散走道、安全出口、疏散楼梯以及房间疏散门的各自总宽度，应按规定经计算确定。

五、疏散标志问题

疏散指示标志对于人员密集场所的安全具有十分重要的作用。人员密集场所中的大多数消费者对所处的场所并不熟悉，因此，在发生事故，特别是火灾事故时，如果不能及时找到安全出口，就会造成重大人员伤亡。当事故发生时，人们的判断和分析能力会大受影响。因此，为保证消费者在最短时间内迅速撤离事故现场，避免人员伤亡，要求设置疏散指示标志。疏散指示标志的安装地点、安装位置、安装高度、安装距离以及设置方向、疏散指示标志的种类和质量要求等都要符合法律法规的强制性要求。

首先，规章要求安装的疏散指示标志应该是发光型的，能够保证在断电以后并且没有自然光照明的情况下，被轻易识别，能够正确指示疏散方向和疏散位置。一般而言，在安全事故中，依据消防常识和操作规范,有关人员首先会将电路断开。当电路被断开后,如果没有自然光照明的情况,疏散指示标志本身能够发光就有了重要的作用。因此,规章要求疏散指示标志应当是发光型的,例如蓄电池式的、电池式的、荧光式的等。

其次,疏散指示标志应该安装的地点包括:安全出口、疏散通道、疏散通道转角处三个重要部位。除此以外,也鼓励人员密集场所经营单位在其他部位设置疏散指示标志。

疏散位置不同,对于安装疏散指示标志的安装也有不同要求。安全出口的指示标志应该安装在出口上方,疏散通道及其转角处的指示标志应该安装在墙壁上,并且是距离墙壁地面高度1米以内的范围内,这是强制性的规定,在实践中,一般是距离地面0.3米左右的高度。

还要注意,指示标志的安装一定要确定好方向,其指示方向一定是安全出口,防止安装错误;此外,指示标志的设计要科学,要让最普通的消费者也能够容易地分辨出所指示的方向。

六、应急广播问题

人员密集场所营业区域的应急广播系统,可以在第一时间使在场人员得知险情,以便尽快采取相应的措施,更重要的是应急广播系统,可以指挥在场人员采取正确的措施,躲避危险,防止场面的混乱,因此,人员密集场所的应急广播系统对应对事故有着重要的作用。

人员密集场所应急广播系统设置应当遵循以下两个原则:

(1)从人员密集场所的应急广播系统的覆盖范围看,应当覆盖到人员密集场所的全部营业区域。这样可以避免由于消费者未听到应急广播,而丧失最佳逃生机会。歌舞娱乐场所的包间、包厢内的视频设备,应设置开机安全提示语和有效的报警系统,以使所有人员都能在第一时间得知险情。

（2）播放的形式既可以是现场直播，也可以是用事先制成的音像制品进行录播，根据每一个人员密集场所经营单位的不同具体情况，采取适当的形式。

七、应急疏散方法

（1）广播指导疏散法。当公众聚集场所发生火灾后，要及时利用火灾事故广播系统指导人们疏散。通过明确发布疏散信息，讲清起火位置、范围、火势大小，指明疏散出入口通道位置、安全区、危险区等情况，让人们保持冷静，有秩序地及时疏散。发布的疏散通道，应选择那些人员通过流量大，安全可靠的疏散设施，以防被烟火堵住发生人员伤亡。

（2）协助组织疏散法。消防队到场后，场所正在组织疏散场内人员，尚有部分被困人员未疏散时，消防队应及时组织力量，参与到疏散被困人员之中，与场所领导或负责人共同组织指挥疏散工作。如果疏散工作任务很大，应及时开辟新的疏散通道，采取内攻和外攻相结合的方法，尽快疏散出被困人员。

（3）内部引导疏散法。消防队到场后，场所没有组织疏散人员，此时建筑内疏散通道、安全出口尚未被烟火封锁，消防员要抓住有利时机，迅速派出若干疏散小组，深入建筑内部采取引导疏散的方法，引导被困人员通过疏散通道或安全出口，及时逃离危险区域安全逃生。引导疏散时，应按先着火层，后着火层的上层，最后着火层的下层；先行动不便者和老弱病残、儿童，后行动便利者和青壮年的顺序进行有序疏散，避免被疏散人员发生拥挤、争抢而导致事故。

（4）直接疏散法。所谓直接疏散法，是指将被困人员直接疏散到室外的安全地方。在组织疏散人员时，如果条件允许，最好选择直接疏散法，这样一次性将被困人员疏散到最安全的地方，不需要再次组织力量疏散转移，既确保被疏散人员的安全，又节省大量的灭火救援力量,为灭火争取时间,此法在疏散被困人员时应首选。

(5) 转移疏散法。所谓转移疏散法,是指由于疏散通道或安全出口被烟火封锁,将被困人员先疏散到附近的安全地带临时避险,等待时机再转移疏散到室外的安全地方。因为现场条件不允许,如果采取直接疏散法,烟气可能会对被疏散人员的人身安全造成威胁,因而应采取转移疏散法,变直接疏散为间接疏散,以确保被疏散人员的安全。

第四节　人员密集场所的应急预案

> **收益点**
> ◆ 了解人员密集场所应急预案的作用
> ◆ 学会如何编制应急预案
> ◆ 学会如何设计演练自己的应急预案

一、应急预案的作用

应急预案,是针对可能发生的重大事故(件)或灾害,为保证迅速、有序、有效地开展应急与救援行动、降低事故损失而预先制定的有关计划或方案。它明确了在突发事故发生之前、发生过程中以及刚刚结束后,谁负责什么,何时做,以及相应的策略和资源准备等。它是针对可能发生的重大事故及其影响和后果的严重程度,为应急准备和应急响应的各个方面所预先作出的详细安排,是及时、有序和有效地开展事故应急救援工作的行动指南。

应急预案在应急救援中的突出重要作用和地位体现在：

（1）应急预案明确了应急救援的范围和体系，使应急准备和应急管理不再是无据可依、无章可循，尤其是培训和演习工作的开展。

（2）制定应急预案有利于作出及时的应急响应，降低事故后果。

（3）成为各类突发重大事故的应急基础。通过编制基本应急预案，可保证应急预案足够的灵活性，对那些事先无法预料到的突发事件或事故，也可以起到基本的应急指导作用，成为开展应急救援的"底线"。在此基础上，可以针对特定危害编制专项应急预案，有针对性地制定应急措施、进行专项应急准备和演习。

（4）当发生超过应急能力的重大事故时，便于与上级应急部门的协调。

（5）有利于提高全社会的风险防范意识。

目前，很多企业按照《安全生产法》等有关法律法规的规定，结合企业具体情况，编制了应急救援预案。但从实际应急情况来看，企业应急预案在编制过程中还存在一些问题，如应急预案框架结构与层次不合理；危险分析不全面，使应急准备工作不到位；应急资源准备不充分；应急组织机构设置不合理，无法有效运行；运作程序缺乏标准化规定等。

二、企业生产事故应急管理体系结构

企业生产安全事故应急管理体系属于企业危机管理体系的重要组成部分，涵盖了事故预防、应急准备、应急响应和事后恢复4个阶段。

1. 事故预防阶段

事故预防阶段是指企业为预防、控制和消除生产事故对生命、财产和环境的危害所采取的行动。该阶段工作主要包括：制定事故预防措施，实施关键设备、设施的检测检验，对员工、管理者及周边地区民众进行生产事故应急宣传与教育等。

2. 应急准备阶段

应急准备阶段是在生产事故发生前采取的行动，其目的是为了培养和增强企业生产事故应急管理能力。其目标主要集中在发展和完善应急预案及应急救援系统上，以便于在事故发生时有效推进应急响应工作。该阶段工作主要包括：研究国家相关法规、政策；评估企业及周边社区应急资源和应急能力状况；编制、完善生产安全事故应急预案；签订相关应急协议，落实根据企业生产事故应急预案作出的各项规定。

3. 应急响应阶段

应急响应阶段是在生产事故发生后及整个生产事故发生期间立即采取救援行动的阶段。其目标是通过应急救援行动使人员伤亡及财产损失减少到最小，并有利于恢复。该阶段工作主要包括：启动应急通告报警系统；启动应急救援中心；实施现场应急救援和医学应急救援程序；实施人员疏散和安置程序；实施警戒和交通管制程序。

4. 事后恢复阶段

事后恢复阶段是在生产事故发生后立即进行的行动，其目标是使企业厂区恢复最起码的服务，进而使企业厂区生产、生活恢复到正常状态或得到进一步的改善。该工作主要包括：实施应急响应关闭程序；开展事故调查、废墟清理、事故现场洗消工作；开展事故损失评估与索赔工作；然后继续努力，使受影响区域恢复到正常状态，包括企业厂区重建和社区再发展以及实施安全减灾计划等工作。

三、如何编制自己的应急预案

应急预案的编制过程是一个系统工程,是应急预案的策划、组织、编写、审核等一系列过程。应急预案的编制过程一般分为5个步骤:

(1) 成立预案编制小组;
(2) 危险分析和应急能力评估;
(3) 编制应急预案;
(4) 应急预案的评审与发布;
(5) 应急预案的实施。

有人在步骤(1)和(2)之间加入"调查研究与资料收集"的过程。

企业进行应急预案编制时分为两个阶段。

第一个阶段即应急预案编制的准备阶段。在这阶段需要辨识企业危险危害因素分布,分析、计算事故后果对企业及周边环境的危害影响范围及程度;开展企业及其所在区域的应急救援资源、能力及其分布的评估工作,广泛收集与企业生产安全事故应急预案编制有关的国家法律法规和技术标准、同类事故应急救援的成功经验和失败教训,以及先进的安全卫生技术成果,为应急预案编制奠定基础。

第二阶段即应急预案的编写阶段。该阶段,需要预案编制小组综合应用系统安全工程、防灾减灾、事故致因、计划、组织、决策、战略管理、医学救援、工程救援、事故处理、工伤保险等理论技术,分析事故的发生、发展及其演化的过程,建立企业生产安全事故应急预案体系框架,确定文件要素,系统地描述企业生产事故应急救援系统分级标准、组织结构、运作机制、救援力量的构成和职责、应急救援指挥体系、后勤保障体系、现场应急处置程序等内容,并通过事故应急救援训练和演练,检验企业生产事故应急预案的科学性和可操作性。

四、应急演练

传统的应急预案演练事先都做了周密的准备，人人都知道这是一场演练。这样的演练毫无例外每次都可取得圆满成功，但这种演练与实战有很大距离。尤其事故都是在突发情况发生，在非正常状态下职工和各部门的真实应对水平到底如何，企业心里并没有底。采用突然袭击式的应急预案演练，可以真正对职工和相关部门在紧急情况下的应急能力做一次有效检验，暴露存在的问题，以便更有针对性地采取措施，使预案更趋完善，职工在突发异常的情况下应急能力得到真正提高。

说到底，应急预案演练也要来真的，不要怕暴露家丑。实战性越强，问题发现得就越早，解决得也就越早，企业的应急能力就越强，最终受益的还是企业和职工。

附录：关于人员密集场所应急救援预案的基本格式及主要内容

一、总则

1.1 编制目的：规范对事故灾难的应急响应和处理程序，及时有效地实施应急救援工作，最大程度地减少人员伤亡和财产损失，保障公众的生命财产安全，维护社会稳定。

1.2 编制依据：依据《中华人民共和国安全生产法》、《国家突发公共事件总体应急预案》、《国家安全生产事故灾难应急预案》等法律法规及有关规定，制定《人员密集场所应急救援预案》（以下简称《预案》）。

1.3 工作原则：以人为本，安全第一。一旦发生紧急情况和突发事件等,通过启动本《预案》,消除和控制事故扩大,安全疏导群众,最大程度地减少人员伤亡和财产损失,维护社会稳定。切实做到快速反应、统一指挥、分级负责、有效救援。

二、人员密集场所的基本情况

2.1 组织(牵头)单位及活动名称。
2.2 活动内容。
2.3 现场组织指挥人员。
2.4 现场保安设置情况。
2.5 其他相关情况。

三、应急救援组织体系及相关机构职责

3.1 指挥部机构设置。总指挥一人,副总指挥根据需要分设。

3.2 指挥部及相关部门(单位)职责。(一般生产经营单位依据该单位的实际情况确定。如属党政领导机关组织的大型活动,则应分别明确安监、公安、卫生、供电、供水、城管、建设、宣传、广电等相关部门的职责,可考虑设置综合协调组、安全保卫疏导组、医疗救护组、后勤保障组、善后处理组、新闻报道组等,分项明确负责人及相关职责。)

四、应急救援预案的启动条件

4.1 火灾
4.2 拥挤、踩踏等突发事件
4.3 雷击、爆炸
4.4 重大治安案件
4.5 建筑物坍塌
4.6 其他突发安全事故

五、应急救援预案的启动和关闭程序

如发生上述六种启动条件之一,启动《预案》,调度程序如下:

5.1 事故的第一发现者必须在第一时间向现场事故应急救援指挥部汇报,简明扼要说明事件情况,并协同就近岗位人员进行先期处置,以消除和控制事态的发展。

5.2 应急救援指挥中心接到事故汇报后,视事件轻重情况,由应急救援现场总指挥决定是否启动本《预案》。在不影响活动进行的一般情况下,指派调度现场保安人员或救援专业力量现场处置即可;当上述紧急情况发生、严重影响了本次活动的正常进行、必须停止活动和紧急疏散现场人员时,要立即启动本《预案》。同时迅速报告政府有关部门,政府有关部门或上级启动相关《预案》后,本《预案》服从上级《预案》。

5.3 发生上述紧急情况,需紧急疏散时,由应急救援指挥中心播放事先拟好的《应急救援疏散广播词》,以稳定群众情绪。

5.4 所有工作人员和各岗位人员未得到指令不得擅自行事,必须坚守岗位,稳定群众情绪;接到现场总指挥启动应急救援预案的指令后,迅速疏散群众。

5.5 现场总指挥确定事故应急救援工作结束,通知各部门及相关人员,事故危险已解除,关闭事故应急救援预案程序。

六、现场安全防范及应急救援指挥的实施

6.1 事故应急救援现场指挥部相关人员集中在活动现场所设的临时指挥部,进行现场应急指挥,相关人员不得擅自离开。

6.2 现场应急指挥部人员在接到事故报告或发现事故后,要迅速组织调配相关救援人员参加抢险。

6.3 在现场总指挥的统一指挥下,各小组分工协作,迅速

展开救援工作。

6.4 为保证救援工作及时、有效，指挥部、各现场救援组负责人和各进出口警戒人员配备对讲机，确保通讯畅通。

七、附则

7.1 本应急救援预案报当地安全生产监督管理部门和公安部门备案。

7.2 活动期间相关部门根据本预案制定相应的子预案。

7.3 事故发生后，按事故类别，本预案与其他专项子预案同时启动。

7.4 本预案由本单位组织培训、演练和实施。

附件：

1. 应急救援现场指挥部组织机构图
2. 应急救援现场指挥部通讯录
3. 应急救援现场指挥部疏散广播词
4. 关于安全防范措施与建议
5. 活动场所平面图
6. 应急救援疏散广播词

注：本预案格式仅供普通人员密集场所制定预案时参考，若涉及危化品、高温、高压等危险因素的非一般人员密集场所，则应从实际出发，尽量做到让预案有效并切实可行。

问题与思考

1. 人员密集场所主要的安全管理制度有哪些？
2. 你是一家体育场馆的总经理，你和哪些部门签订安全生产责任状，主要包含哪些内容？
3. 作为一名歌舞厅副总，请制定安全生产例会内容。
4. 一个仓库的安全员，应该接受哪些知识的培训？

5. 如何规范员工的行为？如何规范员工的礼仪？
6. 应急照明，国家有哪些规定？
7. 对人员密集场所的安全出口有哪些特殊的规定？
8. 你们企业有应急预案吗？体系构成包括哪些？
9. 编制预案应该考虑哪些内容？

第四章 人员密集场所安全管理难点

第一节 人员密集场所的从众行为

> **收益点**
> ◆ 了解从众心理
> ◆ 了解从众心理在安全管理中的影响
> ◆ 学习如何对待和处理从众行为

一、什么是从众心理

从众指个人受到外界人群行为的影响,而在自己的知觉、判断、认识上表现出符合于公众舆论或多数人的行为方式。通常情况下,多数人的意见往往是对的。从众服从多数,一般是没错的。但缺乏分析,不作独立思考,不顾是非曲直的一概服从多数,随大流走,则是不可取的,是消极的"盲目从众心理"。

学者阿希曾进行过从众心理实验,结果在被测试人群中仅有1/4~1/3 的被试者没有发生过从众行为,保持了独立性。可见它是一种常见的心理现象。从众性是与独立性相对立的一种意志品质,从众性强的人缺乏主见,易受暗示,容易不加分析地接受别人的意见并付诸行动。

第四章 人员密集场所安全管理难点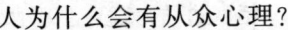

人为什么会有从众心理？

一般说来，群体成员的行为，通常具有跟从群体的倾向。当他发现自己的行为和意见与群体不一致，或与群体中大多数人有分歧时，会感受到一种压力，促使他趋向于与群体一致的现象，叫做从众行为。

从众现象在我们的生活中，比比皆是。大街上有两个人在吵架，这本不是什么大事，结果，人越来越多，最后连交通也堵塞了。后面的人停了脚步，也抬头向人群里观望……

美国人詹姆斯·瑟伯有一段十分传神的文字，来描述人的从众心理：

突然，一个人跑了起来。也许是他猛然想起了与情人的约会，现在已经超时很久了。不管他想些什么吧，反正他在大街上跑了起来，向东跑去。另一个人也跑了起来，这可能是个兴致勃勃的报童。第三个人，一个有急事的胖胖的绅士，也小跑起来……十分钟之内，这条大街上所有的人都跑了起来。嘈杂的声音逐渐清晰了，可以听清"大堤"这个词。"决堤了！"这充满恐怖的声音，可能是电车上一位老妇人喊的，或许是一个交通警说的，也可能是一个男孩子说的。没有人知道是谁说的，也没有人知道真正发生了什么事。但是两千多人都突然奔逃起来。"向东！"人群喊叫了起来。"东边远离大河，东边安全。""向东去！向东去！"……

看来，从众心理对人的影响确实很大。造成人产生从众心理的原因，是多方面的。在群体中，由于个体不愿标新立异、与众不同感到孤立，而当他的行为、态度与意见同别人一致时，会有"没有错"的安全感。从众源于一种群体对自己的无形压力，迫使一些成员违心地产生与自己意愿相反的行为。

不同类型的人，从众行为的程度也不一样。一般来说，女性从众多于男性；性格内向、自卑感的人多于外向、自信的人；文化程度低的人多于文化程度高的人;年龄小的人多于年龄大的人;社会阅历浅的人多于社会阅历丰富的人。

从众行为表现在方方面面,在工作中、生活中、学习中,都有所表现。我们了解人的从众心理,并恰当地处理其行为,是很有意义的。有的领导意见本是错误的,有些员工由于惧怕反对对自己今后不利,而违心地投了赞成票,结果后面的人都跟着投了赞成票。如果这时,你能坚持住,是会对单位今后的工作有益的;有的老师的一个解题方法本来不是最佳的,由于很多学生不反对,而导致绝大部分学生效仿老师的那种解题方法。如果你这时能提出自己比老师的方法更好的解题方法,那不是会使很多学生少走弯路吗?因此,不管是领导还是老师,了解了人的从众心理,对改善和提高自己的工作,都是很有帮助的。

二、人员密集场所的从众行为

人员密集场所中,由于人数聚集度比较高,所以从众行为非常普遍。例如在商场超市,人看到人员聚集,就认为肯定有便宜的东西或者畅销的东西;在餐饮业,因为门口排起长龙,所以此家餐厅必然餐饮丰盛,别有风味;众人排队抢票的电影必然是火爆大片,情节动人;众人都去旅游的地方,必然是避暑胜地,山清水秀。这样的心理无时无刻不在左右着人们,可是这样的心理对于安全来说未必就是好事情。

2007年,重庆家乐福促销活动,一桶油便宜11元,从而人们认可这样的行为,很多人也跟风似的,引发人员大量聚集,一场正常的商业促销活动变成了人员伤亡的惨剧,让11元和生命对比价值大小。

密云彩虹桥事件本来是众人为了庆祝节日的聚会,由于从众行为的作祟,让节日变成了很多人生命的终点,让欢乐变成了悲痛,让很多的家庭陷入失去亲人的痛苦。

第四章　人员密集场所安全管理难点

1994年，克拉玛依特大火灾中，出口处，尸体堆积如山。2000年，洛阳东都商厦特大火灾，死亡300多人，其中60多人，堆积在电梯门口，大家都知道电梯要关闭，却跟随着死亡的步伐。2007年，名典咖啡屋发生火灾，死亡11人，其中9人压在一个小包间内窒息而死。这些都是在某种情况出现时，从众行为引发的事故，这些从众行为如果处理不当，就对安全管理造成很大的影响。

笔者把从众行为分为两种：一为正常经营活动中出现的从众行为；二是突发事件中出现的从众行为。前者主要是指人们根据别人的爱好，来影响自己对事物的选择；后者主要是指发生踩踏或者火灾、停电等一些突发事件时，人们丧失理智、失去判断，让别人的行为左右自己行为的情况。

正常经营活动中出现的从众行为，是正常的。人对于社会事物的认识，很多要依靠别人的知识和经验作为参考。人们在选择喜好的时候，一般也都参照别人的意见，无论是吃、穿、住、行。突发事件中出现的从众行为，容易引导人丧失基本的判断力，造成群死群伤，造成更大的事故。

对于人员密集场所中从众行为，要认真正确的对待，在安全管理中，要善于处理从众行为，避免有害的、引发更大事故的从众行为。

三、如何对待人员密集场所从众行为

有的人对"从众"持否定态度。其实它具有两面性：消极的一面是抑制个性发展，束缚思维，扼杀创造力，使人变得无主见和墨守成规；积极的一面有助于学习他人的智慧经验，扩大视野，克服固执己见、盲目自信，修正自己的思维方式、减少不必要的烦恼和误会等。

在人员密集场所的安全管理中，一方面，我们要利用人们的从众心理，让人们更好地服从管理规定，做到有序管理；另一方面，我们要避免突发事件的发生，并采取预防措施，当突发事件一旦发生，让从众行为引导人们有序疏散，避免从众行为引发群死群伤事故。

制定详细易懂的安全管理规定，让从众行为在日常安全管理中发挥积极作用。对于人员密集场所来说，人员聚集是经常发生的事情，所以在日常经营活动中从众行为时刻都在发生。我们要制定详细易懂的安全管理规定，为大部分顾客所接受，形成顾客自觉遵守的行为，从而用大多数人的行为影响约束少数不服从安全管理规定的人，从而让安全管理规定规范顾客的行为。而且在生产经营活动中，利用顾客的从众心理，适当安排货物摆放，让更多的人聚集到容易疏散位置，避免引发高密集度的事件发生。

对于突发事件中的从众行为。首先，我们要避免突发事件的发生。突发事件，是人员密集场所最不愿意看到的事情。突发事件主要与我们日常的安全管理、促销等经营活动、自然灾害、有人故意破坏等因素有关，加强日常的安全管理，尤其是加强日常员工和顾客不安全行为的约束，加强日常电源（包括临时用电和线路）检查和维护，加强动力房的监控，加强人员密集度的监控，加强对自然灾害和人员破坏的预防，有效地防止突发事件的发生，这是避免突发事件来临后，产生从众行为造成伤害的前提条件。

其次，当突发事件来临时，我们要启动我们的应急预案，选择最恰当的行为，让顾客按照我们准备好的方案执行，避免人员采取错误的行动和措施形成从众效应，导致像苍蝇一样"东一头，西一头"，产生连锁反应，造成伤亡事件，给社会带来不稳定因素。

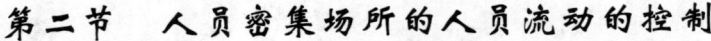

第二节 人员密集场所的人员流动的控制

收益点
◆ 学习如何发现人员密集状况
◆ 学习如何控制人员流动

一、人员流动控制概述

人员密集场所容易发生群死群伤事故，是与人员密集场所自身特点有关。人员密集场所关键点在"密集"两字，人员密集引发了控制安全工作的难度。首先，密集人员身体状况的不可知性。有的人身体非常强壮，有的人年老体弱，有的人对于拥挤环境适应性很差，这些人对于拥挤环境从心理、生理、情绪上差异都非常大，部分适应性比较弱，成了疏散、踩踏、逃生中的弱势群体，形成了一些潜在的不可知因素。其次，密集人员行为的不可知性。有的人忍耐，有的人厌烦，有的人抱怨，有的人拥挤，甚至有的人推搡，有的人愿意听从指挥进行疏散，有的人固执己见、自己采取措施。这些因素都造成了很多难以控制的因素。

2006年，北京市政府出台了北京市人员密集场所安全生产5个规定，对人员密集场所的人数进行了限制。同时规定：当接近核定人数或者人员相对聚集时，文化娱乐场所经营单位应当采取有效的控制和疏散措施，确保安全。

北京市餐饮经营单位安全生产规定

第二十三条　营业区域内实际容纳的消费者人数不得超过最大容纳人数。

最大容纳人数按照营业区域面积计算,人均不得小于1.4平方米。

北京市商业零售经营单位安全生产规定

第二十六条 营业区域内实际容纳的消费者人数不得超过最大容纳人数。

最大容纳人数按照营业区域的公共面积计算,超市人均不得小于0.8平方米,其他商业零售经营单位人均不得小于0.6平方米。营业区域的公共面积占营业区域总面积的比例,超市不得小于35%,其他商业零售经营单位不得小于40%。

北京市体育运动项目经营单位安全生产规定

第二十三条 营业区域内实际容纳的消费者人数不得超过最大容纳人数。

最大容纳人数按照下列规定计算:(一)滑雪、滑板项目人均运动面积,不得小于20平方米;滑冰、轮滑项目人均运动面积,不得小于5平方米;(二)人工游泳池的人均游泳面积,不得小于2.5平方米;天然游泳场的人均游泳面积,不得小于4平方米;(三)其他室内运动项目人均运动面积,不得小于4平方米。

北京市文化娱乐场所经营单位安全生产规定

第二十四条 娱乐场所实际容纳的消费者人数不得超过核定人数。

歌舞娱乐场所的核定人数按照营业区域面积计算,平均每人不得小于1.5平方米。核定人数在500人以上的歌舞娱乐场所,应当安装人员流量统计装置。

电影放映单位、演出场所经营单位等有固定座位的区域,不得增设临时座位。

可以看出,国家有关部门或者地方一些安全监管部门开始着手制定有关规定,对于人员密集情况进行控制。这需要我们做到两点,首先计算人员密集情况,其次对于人员密集情况采取控制措施,疏散人群。但是在现实情况中,却很难做到对人员密集情况的准确测量。我们只能根据监控和日常经营活动人流的状况进行预估。控制措施主要是控制人员的输入和加大人员的输出。

二、人员密集情况的预估

人员密集场所的人员密集情况主要靠安全部门的专业人士来控制。在日常的安全管理中,人员密集场所的安全管理人员和现场的管理人员会根据监控资料、以往经营中人员流动情况、现场状况,给出自己的判断,主要依据有出入监控、区域监控、收银台状况,主要参考经验为以往客流聚集时间规律、大型促销活动的状况等等。

(1) 出入口监控系统。能使管理人员及时地了解出入顾客数量情况,大致了解当天人员密集的情况,据此进行疏导等必要的工作。

(2) 区域监控系统。它还能将所有场景详细记录下来,在资料中记录时间、地点,为市场人员分析市场走向提供了详细的资料。通过对录像资料进行系统分析,就能知道哪个季节、什么节日,甚至具体到一天哪个时间段,客流最旺;还能知道什么物品、哪个售货点最吸引顾客。这样可以起到两个作用,一是长远看可以适当调整货物,让人员更加的分散,聚集不至于太严重,二是发现局部临时聚集度比较高,可以派遣服务人员,进行人员疏散,避免踩踏或者其他事情发生。对于其他人员密集场所,可以随时发现人员密集情况,进行疏散和引导。

(3) 收银台状况。收银台是人员密集度的一个集中反映点,尤其是对商场超市来说。当顾客大量聚集的时候,收银台就会排起长龙,很多顾客排队付款,这给安全管理人员一个非常明显的信号,安全管理人员可以根据排队长度进行判断。

(4) 日常客流聚集时间规律。安全管理人员可以从日常的生产经营活动中总结出人员聚集的时间规律,例如餐饮业一般集中于三餐,文化娱乐场所一般集中于晚上,医院一般集中于上午,体育场所主要集中于大型活动开始和结束特殊时段等等。人员密集场所一般可以根据自己以往经验,总结出自己生产经营活动中,一年有哪些月份、哪些特殊时段,是经营的旺季,一周内,顾客主要集中于哪几天,一天内,客流主要集中于哪个时间阶段。这些规律给安全管理人员以有力的参考,这些事件成了重要的监控和注意时间,从而避免事故的发生。

(5) 大型活动安全。大型促销活动或者其他活动,是安全管理的重点时段。大家记忆犹新的 1994 年克拉玛依特大火灾就是在为了欢迎领导的演出现场发生的;2000 年的洛阳东都商厦特大火灾中死亡的 300 多条生命是在圣诞狂欢之夜被死神带走的;2007 年重庆家乐福的踩踏事件是在促销活动中,发生了拥挤而导致的。大型活动的安全成了不可磨灭的痛。为此,国务院颁布了《大型群众性活动安全管理条例》进行规范。对人员密集场所来说,日常经营中,涉及促销等活动时,应该成为安全管理的重点。

三、人员流动的控制

对于人员密集场所的人流控制,包括对生产经营单位局部人流控制和整体人流控制。局部人流控制是指经营场所内产生了局部的人员密集,需要加大疏散和引导。整体人流控制就是指生产经营场所内人员密集情况严重超过额定人数,必须采取有力措施,进行人员疏散。

局部人流控制主要是通过增加管理和服务人员,进行必要的引导,或者采取其他方式,将人员分流。在商业场所可以采取移动货物,或者设置分销点,引导部分客户分流。也可以增加服务和管理人员的数量，服务人员数量的增加，可以加大商业流通速度，管理人员的增加可以使得商业行为更加有序化，从而避免事故的发生。局部人员聚集相对来说比较容易解决，因为这是在整体空间比较宽松的情况下产生的，只要加强管理，就可以解决。

整体人流控制主要采取控制人员输入和加大人员输出的方式。控制人员输入，可以采取暂停营业、悬挂"顾客已满"标志牌等有效手段。加大人员输出采取例如增加收银台数目、开启多处安全出口、加强疏导等有效措施。

案 例

2008年2月15日，上海宜家家居开始冬季减价活动，打着5折起的促销口号，引起了许多白领的关注，2月16日，适逢双休日，不少顾客一早就在门外等开门。早上10时宜家家居营业后，陆续有顾客蜂拥而入抢购货品。因为促销海报上规定："每人每天限购1件，且数量有限。"因此一些顾客都"拖家带口"前来。进商场选择商品的人数更是一度超过7 000人，由于人流量过于集中，店方出于安全考虑，一度关门谢客15分钟以维持秩序。（东方网报道）

第三节 公众安全意识与人员密集场所安全管理

收益点
◆ 了解公众的安全意识与人员密集场所安全管理的关系
◆ 学习如何约束顾客的行为

一、安全意识

安全意识是人们对物质生产过程中安全问题的主观反映。辩证唯物主义认为：意识决定于物质，且在认识世界和改造世界过程中表现出巨大的能动作用，对改造客观世界的实践起着指导作用，并表现为人类对待每一事物都是在意识的指导下形成活动目标与动机，从而制订出实现目标的计划、方案，然后加以实施。若意识客观反映现实，它就能指导人们正确的实践；若意识是错误的，就不能正确指导实践。鉴于意识与实践的关系，正确的安全意识对安全管理也起着促进作用。

在计划经济体制下，企业是政府部门的附属物，没有生产经营自主权，一切活动都是受国家的指令安排，企业的安全管理也不例外，没有自主权利。政府是生产管理和安全管理的组织者。在这种体制下，安全意识实质上只是政府的安全意识。

在我国社会主义市场经济体制下，生产经营单位所需的生产要素的配置，由市场机制决定；而生产经营活动受供求、价格的制约；劳动者是市场经济体制的首要成分，是社会生产力构成的最活跃、最关键因素，劳动者同时又是消费者，消费者对生产经营单位的认可度，对该单位服务或者产品的消费决定着生产经营单位的生存。因为消费者和劳动者二者合一，我们这里称之为公众，把劳动者和消费者的安全意识称之为公众安全意识。公众作为劳动者，为了保证生命安全和身心健康，采用多种方式配置安全设施、设备和劳动保护用品，使自身和他人的安全需求得到满足；公众作为消费者，首先考虑在消费的时候得到安全的保障，然后消费，而且消费者对经常发生事故的单位有一个道德和理念认同的问题。如果一个单位经常发生各类事故，消费者就对该企业品牌表现出强烈的排斥心理，从而影响该单位的经营业绩。在市场经济条件下，生产经营单位是具有独立的经济法人地位和自主经营权及竞争能力的经济实体。市场经济运行的各种规律决定了生产经营单位与公众之间的关系是基本关系。政府是市场经济不可缺少的成分，它承担着宏观调控国民经济运作的责任，担当着国有资产所有者的身份，可以随时随地以某种方式直接介入市场经济的运行活动。由此可知，在市场经济运作的过程中，公众、企业、政府三种基本成分分别占有着自己的地位，且相互依赖、相互制约，形成密切联系。因此，市场经济条件下的安全意识，实质是上公众、企业、政府的安全意识及其相互关系。

二、公众安全意识

（一）政府的安全意识与公众安全意识

政府的安全意识是保护公众。政府的安全意识主要体现在对本国（地区）安全生产的监督、监察以及制订相应的安全生产法律、法规，以法制的强制性手段，保护公众的安全与健康。安全管理专家认为，生产经营单位缺少国家和政府的有效监督、监察，将导致安全生产水平低下，使人身伤亡事故大量增加。因此，工业发达国家都积极对安全生产、保护员工的安全与健康立法，以强化企业生产经营的安全责任，并保护劳动者安全生产的合法权益。国际劳工组织对会员国实施安全约束，例如，制定了167号公约。公约是一个涉及建筑安全、文明施工、卫生保健、培训教育、危险急救的国际公约，保护劳动者的安全与健康的合法权益，规定会员国政府要监督现行安全法律和其他安全法律制度，比如：美国于1972年制定的《消费安全法》，日本于1968年制定的《消费品安全法》，加拿大于1978年制定的《消费者保护法》等等。从法律角度看，工业发达国家政府安全意识是在不断加深和强化的。

我国政府把保证人民生命财产安全视为自己的神圣职责。早在1922年，中国共产党提出《劳动法大纲》，1931年制定了《劳动法》，其中就有劳动保护和保护劳动者的条款。新中国成立后，出台了一系列保护劳动者的规章制度，直至颁布《中华人民共和国劳动法》，明确将劳动保护、职业病防治、安全生产、保护劳动者的合法权益法律化、强制化。

政府的安全意识引导公众安全意识。政府出台的法律法规以及国家的安全意识对公众的安全认识起到积极的引导作用。公众对安全的认识，主要受到自身认识水平的限制，而自身安全认识水平受到报纸、电视、网络、书本等多种形式的影响，多种媒体和表现形式受国家政策和国家宣传的约束，归根到底公众安全意识受政府安全意识的影响。

（二）生产经营单位的安全意识与公众安全意识

生产经营单位是社会主义市场经济中最重要的经济实体之一，它向社会提供各种产品和服务，是制造社会财富的主体。生产经营单位为了实现盈利的目的，也必须要有较高水平的安全意识、安全思想，来指导生产经营活动，采用新的安全科学技术控制生产过程中人的不安全行为和物的不安全状态，保证生产能安全顺利地进行。笔者认为，生产经营单位的安全意识可分为生产者和管理者的安全意识。

生产者的安全意识。生产经营单位的安全问题是其在市场竞争中能否取胜的一个关键因素。生产经营单位要想在激烈的竞争中求得生存和发展，就必须做到安全生产，而生产者的安全意识和安全行为又是安全生产的基本保证。生产者本身就是公众，因此生产经营单位的安全意识受到公众安全意识的制约。为了加强单位安全意识，必须加强对生产者的安全意识教育和安全技术培训，使生产过程中人的不安全行为、物的不安全状态和环境的不安全状况都处于受控状态。在市场经济运行中，生产者首先认识到自己是安全与健康的载体,是被保护的对象,又是不安全行为和不安全物和环境的施动者,同时与企业生产经营的效益直接相关,还给家庭幸福与社会安定带来影响。用"安全第一"的思想指导生产,用"预防为主,居安思危"的安全意识约束自己,自觉遵守劳动纪律,执行安全生产的规章制度,杜绝"三违"现象,并具有自救、互救、应急事故的本领,保证自身与他人的生命安全与健康,保护国家财产免受损失。

管理者的安全意识。管理者群体是生产经营单位安全管理的重要层面,是宣传贯彻安全生产方针、政策、法规的组织者,是保证单位生产安全的监督者和责任者,他们的安全意识直接影响着企业安全管理的成败。管理者本身也是公众之一,但是更多的是站在单位生存和盈利的角度考虑安全问题。管理者首先考虑的是极力压缩成本,扩大销售额,赢得更大的利润,同时基本符合国家法律法令要求,避免给生产经营单位带来经营风险。这里的经营风险包括了政治风险、行业风险、战略风险、人力资源风险等等。为了避免这些风险,管理者应具有安全哲学的思想方法,即"安全第一、预防为主","居安思危,警钟长鸣"的思想方法,把安全放在高于一切、重于一切的地位的思维方法坚持安全教育,规范员工的安全行为,使安全成为员工的最高追求。培育"以人为本"的企业安全文化,调动生产者的安全生产积极性。管理者在生产过程中履行自己的安全职责,为企业员工创造安全生产的条件,同时督促和检查员工安全生产。

(三) 公众安全意识

1. 作为劳动者的安全意识

劳动者是市场经济社会的主体之一,是实现物质资料生产安全的实施者和受益者。劳动者的安全意识对单位的安全管理起着决定性作用。其安全意识表现在如下三方面:

（1）为了满足自身安全需求，劳动者对工作或职业有了择优意识。劳动者为了生存和发展，总是不断追求、创造良好的安全生产、生活的环境和条件。随着经济的发展，劳动者对安全的需求越来越高，特别注重生产中的安全与健康。那种要钱不要命的观念淡化了，珍惜生命、爱护自己的意识与要求更为普遍和强烈，大家都希望到更安全、更卫生、更舒适的环境和岗位去工作，情愿少得点工资，也不愿损害自己的健康。安全与卫生成了当代劳动者择业的重要条件。这表明劳动者的自我保护能力、安全与防护意识在增强，传统安全观念的变化，也显示出劳动者安全文化素质正在提高。劳动者向企业、政府提出了新的要求，促使企业改善劳动条件，促使政府适时制订、补充、修改、调整安全法规、规章和制度，从而保护劳动者的安全与健康，促进企业发展安全生产。

（2）为了保护自己在劳动安全方面的合法利益，劳动者增强了充分利用法律保护自己的安全意识。我国的《宪法》和中央及国务院颁发的有关安全生产的通知中，规定了对劳动者的劳动安全合法权益的保护条款。从而也增强了劳动者对安全与健康的自我保护意识，同时对企业不重视安全生产形成威慑力，促使企业加强安全管理，重视安全投入，保护员工的生命安全与健康，保护人力资源不受损失。

（3）为了能得到充分就业的机会，劳动者的安全意识又受到生产经营单位的一定影响。员工为了充分的就业，不得不选择生产经营单位工作，作为谋生的一种手段，从而养活着全家的生计，所以员工在保护自己的同时，又受到了生产经营单位安全意识的影响。在面对自己意识不到的危险或者对危险认识不到位的情况下，会根据情况作出让步，从这个角度来看，劳动者又处于安全生产的弱势群体。

2. 作为消费者的安全意识

消费者是市场经济社会的主体之一，是实现生产经营单位销售额和利润的决定者。消费者的安全意识对生产经营单位的安全管理起着决定性作用。其安全意识表现在如下方面：

(1) 受我国消费水平的限制，我国消费者主要关心产品安全和产品价格。我国属于发展中国家，虽然我国整体国民生产总值在世界排在前列，有着丰厚的外汇储备，但是由于我国人口众多，并属于多灾难性国家，受传统消费理念的影响，我国的消费水平并不高，人民生活水平基本处于温饱向小康社会迈进的阶段。在这种消费现状下，我国的消费者主要关心产品和服务本身的安全以及这种产品和服务的价格。对于产品背后的情况关注度不是很高。随着社会的进一步发展，公众开始逐步的关注生产经营单位的社会责任、人权状况、职工待遇等。

(2) 我国消费者挑选产品逐渐关注产品品牌。随着经济的发展，我国消费者逐渐从以往买产品主要参照价格，转化到注重产品质量，由于消费者对产品质量辨认能力不强，所以消费者消费时，受生产经营单位的品牌影响比较大。我国生产经营单位从注重产品质量开始逐步加强企业品牌的塑造，以吸引更多的消费者，获取更大的销售量，谋取更大的销售利润。

(3) 安全事故状况给生产经营单位品牌塑造带来很大的影响。生产经营单位发生了安全事故，受到两个方面的影响。一是来自政府的处理，这种处理包括了刑事处罚、行政处罚、民事处罚等等。二是来自对企业品牌的影响，公众本身对安全事故有自己的看法，同时又受到政府对单位处罚的影响，加深看法，通过口碑传播，给生产经营单位的品牌造成很大的影响。

三、人员密集场所安全管理与公众安全意识

（一）人员密集场所安全管理的难点

人员密集场所安全管理不同于其他生产经营单位的安全管理。主要原因有两个方面：一是人员密集场所安全管理除了管理自己员工的行为和自身单位的危险源之外，还涉及顾客的行为。二是顾客行为变化多样，无法进行有效的约束。

现在我国人员密集场所的安全管理主要集中于对自身单位的危险源的管理，重点在于是否符合消防管理规定。人员密集场所人员密集，为了避免群死群伤，我国政府主管部门主要集中力量对人员密集场所的消防工作进行严格检查，而人员密集场所不属于安全监管的重点行业，又鉴于市场竞争加大，多数对安全工作没有引起足够的重视，安全工作主要停留在应付消防的检查，甚至有些单位并没有设立专门的安全机构，没有设立安全专职人员负责。国家对人员密集场所的消防工作进行了具体的规定，故生产经营单位多数仅就消防工作的表面工作进行了整理。

顾客的行为是人员密集场所安全管理的难点。无论从学术研究还是管理实践中，顾客是人员密集场所安全管理的难点。顾客来自于四面八方，彼此有着很大的差异性。很多事故与顾客的安全行为有关。

1994年11月27日，辽宁省阜新市艺苑歌舞厅因一青年用点燃的报纸吸烟，然后将未熄灭的报纸塞进沙发破洞内，引燃沙发内的聚氨酯泡沫蔓延成灾，烧死233人，烧伤20人，直接财产损失12.8万元。

一个顾客，一个微小的不可预料的吸烟，点燃了一场大火，葬送了233条生命，破坏了多少个家庭，不知道多少父母要承受丧子之痛，如果小青年能够约束自己的行为，那么这场火灾就可

以避免，这么多条生命就可以生存，可是这个世界没有如果。那么对像这样不安全行为的监督是一个很大的困难。不知道哪名顾客会产生不安全的行为，也很难确定哪个时间，不安全的行为会发生。而这样的行为却经常的发生，带来这样那样或大或小的事故，经营单位承担着风险，顾客处于一种安全不确定的环境之中。这对学术和安全管理实践都提出了问题。

（二）公众安全意识对安全管理的影响

作为人员密集场所经营单位的营业人员，安全意识决定着单位的安全管理水平。生产经营单位的工作人员来自于公众，其本身的安全意识，就是单位安全管理的标志。是否能够遵守单位安全规定，是否能够做到无不安全行为，是否能够做到发现安全隐患及时报告处理，是否能够做到发现不安全行为及时制止，决定了一个单位的安全管理水平。

作为人员密集场所的消费群体的公众，安全意识影响着人员密集场所的安全状况。消费者来到人员密集场所是否严格遵守了该单位的安全规定，是否在指定地点消费，是否有不安全行为，发生了事故是否遵照管理人员的安排从容疏散，发生了事故是否采取了不恰当的自我保护（危害到别人）的行为，这都严重影响着人员密集场所的安全状况。目前我国安全意识没有到位，自我保护意识和自我约束能力不强，行为随意性大，安全知识缺乏，都为顾客光临的人员密集场所的安全管理带来了未知因素。

（三）人员密集场所安全管理对公众安全意识的影响

反过来看，员工的安全行为、安全意识受到经营单位的安全管理的影响。只靠人的本能的安全意识，无法形成确定的安全行为，养成安全的习惯，尤其是部分安全行为涉及时间和精力的付出，涉及人际关系的和谐。只有靠制度，靠企业的安全管理才能让员工慢慢规范自己的行为，并对安全隐患、不安全行为的危害有逐步的认识,逐渐养成安全习惯,安全意识由"要我安全"到"我要安全"、"我安全、他人安全"的转变。

人员密集场所的安全管理同样影响着顾客的安全意识。消费者到人员密集场所消费,接受了安全管理的约束,从而认识到什么样的行为是对的,什么样的行为是错的。对自己的行为以及意识有一个纠正。再到人员密集场所,就有了一个基本的认识,在逐步加强认识的过程中,逐渐养成了安全行为,形成了自己的安全意识,并且通过这种行为影响他人,从而使正确的安全意识得到传播,提升公众安全意识。

四、约束顾客行为,提升公众安全意识

加强安全管理,约束顾客的不安全行为,提高公众安全意识是一项系统工程,应在安全文化环境中进行。通过各种安全文化活动营造安全氛围,人人受其熏陶、感染,形成一种自觉重视安全、关心安全的风气和时尚。对于员工的行为约束,上一章已有阐述,不再重复,这里介绍约束顾客行为、提升公众安全意识的几种方法。

(一)细化安全措施,搞好宣传形式,加大规范顾客行为措施的宣传

人员密集场所经营单位的安全管理是规范顾客行为的最直接的措施。细化安全管理的措施,明白地告诉顾客什么是应该做的,什么是禁止的,让顾客知道什么是对的,什么是错的,应该注意什么。搞活宣传的形式,把这些措施用挂图或者影视录像等吸引顾客目光的形式表示出来,悬挂在通道或者入口等顾客闲暇学习的重点部位,以加大宣传力度。对安全知识宣传追求实效,不追求形式,以顾客有效吸纳为基准,创新宣传形式和方式。大力开展安全知识和意识的宣传活动。

（二）健全安全管理制度，有效约束顾客行为

经营单位为适应市场经济体制改革的要求，保证安全生产遇到了一些新问题。有些单位在转换经营机制中，盲目追求效益，撤、并、减少了安全管理机构和人员，造成安全工作职责不明，安全工作无人问津。建立新的安全管理体制、严格约束机制和有效的激励机制。企业实行安全责任制和安全奖惩制度，使每个职工都感到有压力，工作有动力，从上至下形成一种共识，通过员工的安全意识和安全责任管理顾客的不安全行为，对危险行为严格制止，通过管理，配合宣传，达到制止不安全行为、宣传安全的目的。

（三）认真贯彻执行安全规章制度，强化公众安全意识

规章制度是法定的、强制性的行为规范，具有教育的功能。安全规章制度能塑造人，并达到规范人的安全行为的目的。执行安全规章制度是一种强有力、行之有效的提高公众安全意识的途径，在执行规章制度的实践活动中，进行调查研究，科学分析，从感性上升到理性，不断完善和丰富安全价值观、安全哲学、安全行为的理论和实践经验，从而达到提高和强化公众安全意识的目的。

（四）单位重视、员工率先身体力行

良好的安全意识是靠教育和培训而形成的，劳动保护和劳动安全政策、法律、法规的制定和执行，反映了单位及全体员工的安全认识水平。他们对全民的安全与健康的重视关注和支持，身先士卒的表率作用，不仅直接推动和促进了单位的安全生产工作，客观上还起到了示范作用，保护了人民的安全与健康，保障了社会的稳定。

问题与思考

1. 什么是从众心理?
2. 人员密集场所中有哪些从众行为?
3. 如何准确把握人员密集情况?
4. 如何控制人员流动?
5. 何为安全文化?
6. 公众安全意识与人员密集场所安全管理的关系?
7. 如何提升公众安全意识?

第五章 人员密集场所安全事故案例

第一节 文化娱乐场所火灾案例

一、北京"蓝极速"网吧大火

2002年6月16日凌晨2时43分,位于海淀区学院路20号的"蓝极速"网吧发生火灾,造成25人死亡,12人受伤。烧毁建筑95平方米,烧毁台式电脑71台。北京市公安局、消防局接到报警后,迅速调集2个消防中队、12辆消防车赶赴火场,现场救出17名被困人员。3时42分火被扑灭。火灾发生后,市公安局立即成立专案组,展开侦破工作。据侦查了解,放火嫌疑人张某和宋某,一个13岁,一个14岁。两人均是初中学生,父母均已离异。因缺少家庭管教,两人经常逃学。近半年来,他们一直居住在宋某家的一间房屋内,经常一起去网吧玩。两周前,和"蓝极速"网吧发生纠纷起意报复,遂购买汽油放火。两人对此供认不讳。公安部门已将这两名放火嫌犯移送检察机关处理。网吧老板投资10多万元办网吧,竟然不花分文置备消防设备,不采取防火措施,仅做了28天老板梦,也被送进了"班房"。

二、河南省洛阳市东都商厦火灾

2000年12月25日21时35分,河南省洛阳市东都商厦娱乐城发生特大火灾事故,造成309人死亡,7人受伤。

(一) 东都商厦基本情况

东都商厦为洛阳市第一商业局下属全民所有制企业。该商厦共六层，地上四层、地下二层，现有职工1 082人，固定资产5 200万元。商厦一期工程始于1988年12月，1990年12月4日竣工开业，二期工程（靠南面2个楼梯间外墙，从一层到三层部分）1990年12月开始建设，1991年10月竣工投入使用，耐火等级为二级。

近年来，该商厦由于经营不善，亏损5 018万元，负债总额1 094万元（负债率175.33%），下岗职工541人。2000年11月6日，东都商厦与台资企业丹尼斯量贩（总部在郑州）签订合同，将负一层和一层租赁给丹尼斯量贩，建立丹尼斯东都分店，丹尼斯投资2 000万元，合作期10年，安排商厦100名下岗职工就业，雇用商厦20名管理人员，同时每年上缴商厦140万元。商厦四楼歌舞厅于1992年2月办证营业，东都商厦同张建国签订承包合同，承包期至2001年6月30日。张建国多次以效益不好为由与商厦发生纠纷，并声称关门停业，但实际上营业并未停止。

(二) 起火原因及扑救过程

2000年12月25日晚19时许，洛阳丹尼斯东都分店养护科员工王成太（男，49岁）持焊枪，焊接负一、二层之间的楼梯遮盖钢板。作业中，电焊火花顺着钢板的方孔溅入负二层，引燃负二层家具城存放的木质家具、海绵床垫和沙发等可燃物品，产生大量的一氧化碳、二氧化碳、含氰化合物和其他有毒、有害气体。王成太等人发现后，用消防水龙头从钢板上的方孔向负二层浇水，在扑救无效后未报警即逃离现场，事后还订立攻守同盟。无人及时报警。随后火势蔓延，烟雾在充满整个负二层后，随东北、西北角楼梯上窜，地上一层至三层东北、西北角楼梯与商场有防火门分隔,楼梯间形成烟囱效应,大量有毒高温烟雾通过上下通道聚集至四楼。在歌舞厅开门的瞬间,急速扩散进入舞厅。四楼歌舞厅本有东北角和西南角两个紧急出口,但东北角出口被烟雾和大火封堵,无法通行,西南角吧台处的出口在烟雾充扩后难以发现,仅有少数人员从此通道逃到三楼楼梯平台处获救,在该歌舞厅狂欢娱乐的人发现火灾后惊慌失措,加之有毒高温烟雾使人在极短时间内窒息昏迷,造成309人死亡(其中男性135人,女性174人),7人受伤(其中男性2人,女性5人)。

21时35分、21时38分,洛阳市消防支队119和洛阳市公安局110相继接到东都商厦发生火灾的报警。洛阳市公安局立即调集公安民警和消防官兵800余人、消防车辆30余台进行扑救,市委、市政府立即组织8家医院200余名医务人员、20余辆救护车抢救伤员。经过一个多小时的艰苦奋战,22时50分火势得到有效控制,26日凌晨零时37分大火被完全扑灭,106名群众获救逃生。

(三)火灾造成多人伤亡的主要原因

导致四楼歌舞厅多人伤亡,主要有四方面原因:

(1)东都商厦经营严重不符合安全条件,灭火系统、应急照明、疏散标志等不符合要求,是公安消防部门责令停业整顿的单位。

(2)商厦经营者严重违法,擅自将逃生楼道用铁栅栏封住,致使人员无法逃生。

(3)火灾迅速形成的烟囱效应。由于该商厦一、二、三层都有防火门隔离,致使大量高温有毒气体聚集四楼冲入歌舞厅,在短时间内使人昏迷丧失逃生能力,导致窒息死亡。

(4)东都商厦和丹尼斯量贩有关负责人严重失职,在发现火灾后,仅通知本单位员工撤离现场,不顾四楼歌舞厅内娱乐的群众,延误了人员逃生良机。

三、河北省唐山市古冶区随意游戏厅大火

2002年2月18日14时20分,河北省唐山市古冶区的开滦建材厂家属区一非法游戏厅发生重大火灾,死亡17人。死者大多是十几岁的孩子。游戏厅的业主凌玉铁(37岁),唐山市热电厂工人。在未经有关部门批准的情况下,擅自承租了开滦建材厂简易平房5间,开办游戏厅,命名为随意游戏厅。1997年3月开业。此后的3年间曾先后两次被公安、工商部门检查、查封。然而,凌玉铁在利益驱动下,雇人偷偷将游戏厅所有窗户及部分墙壁进行改造伪装,于2002年2月12日(正月初一)偷偷开业,五天之后,游戏厅放置在木箱内的变压器因长时间通电过热,引燃周围可燃物发生大火,业主的父亲也在大火中毙命。凌玉铁等4人均已被追究刑事责任。主犯凌玉铁被判刑20年,并处没收财产。其妻姐刘跃敏被判处有期徒刑15年,并处没收财产。

第二节 商业零售火灾案例

一、吉林省吉林市中百商厦特大火灾

2004年2月15日中午11时25分,位于吉林市解放大路与长春路交汇处的中百商厦发生特大火灾。吉林市公安消防指挥中心接到报警后,立即调集消防官兵赶赴现场扑救。13时45分,火势得到初步控制。15时30分,大火被扑灭。在扑救火灾的同时,消防人员通过三部云梯和消防拉梯对2楼、3楼、4楼被困人员进行紧急搜救,截至16时30分,共救出120人,受伤的71人被马上送往各大医院。这次大火造成54人死亡、70人受

伤、直接经济损失 400 余万元。

经调查认定，导致事故发生的直接原因是：中百商厦"伟业电器"员工于洪新将点燃的香烟掉落在库房中，引燃地面纸屑、纸板等可燃物发生火灾。导致事故发生的主要原因是中百商厦没有严格落实《消防法》关于消防安全责任制的有关规定；制定的火灾应急疏散预案没有落实且未组织过演练；违章将商厦北墙外的自行车棚改建为简易仓库后，没有落实消防部门下达的限期整改通知要求；经营管理混乱，超范围租赁经营舞厅项目，忽视对该舞厅的消防安全监督管理；火灾发生后，安全保卫人员没有组织三楼和四楼人员疏散，有关人员没有及时报警。吉林市商业委员会对中百商厦管理不力，对商厦在消防安全管理和企业经营管理上存在的问题失察。吉林市消防、工商、城市管理等有关职能部门没有切实履行职责，对中百商厦存在的火灾隐患、经营管理混乱等问题没有严格督促落实整改。吉林市人民政府有关领导对安全生产责任制落实情况监督检查不力。

吉林市委副书记、市长刚占标作为安全生产工作第一责任人，对事故发生负有重要领导责任。刚占标引咎辞去吉林市市长职务，同时辞去吉林市委副书记、常委、委员职务。吉林省委同意刚占标的辞职请求。吉林市十三届人大常委会第十二次会议已审议同意刚占标辞去吉林市市长职务。根据事故调查结果，依据《中国共产党纪律处分条例》、《国家公务员暂行条例》、国务院《关于特大安全事故行政责任追究的规定》和《吉林省重大安全事故行政责任追究办法》，吉林省委、省政府决定，对相关责任人进行严肃处理：吉林市副市长蔡玉和对事故发生负有重要领导责任，给予党内警告和行政记大过处分；吉林市商业委员会主任、党委书记刘文彬对事故发生负有重要领导责任，给予党内严重警告和行政降级处分；吉林市商业委员会副主任、党委常委杨开宝对事故发生负有主要领导责任，给予撤销党内职务和行政撤职处分。

  2004年7月10日上午，吉林市船营区人民法院对吉林市"2·15"特大火灾案七名被告人作出一审判决。被告人于红新犯失火罪，被判处有期徒刑七年；被告人刘文建、赵平、马春平犯消防责任事故罪，分别被判处有期徒刑六年、五年和四年；被告人陈忠、曹明君犯重大责任事故罪，分别被判处有期徒刑三年六个月和三年；被告人李爱民犯重大责任事故罪，但鉴于其犯罪情节轻微，依法免予刑事处罚。

二、湖南省常德市桥南市场特大火灾

  2004年12月21日清晨7时40分左右，湖南省常德市桥南市场发生火灾。桥南市场位于鼎城区武陵镇，长约4公里、宽约2.5公里，是20世纪90年代建设的一个大型批发零售市场，是全国十大综合零售批发市场之一，主要以针织品、日用百货、电器等商品为主，发生火灾的是一栋四层的商业楼（经营日用百货，使用面积为7万平方米）。

  7时46分，常德消防支队接到报警后，20多辆消防车在第一时间赶到现场。此时，常德桥南市场已经是浓烟弥漫，火势汹涌。可怕的是，就在大火燃起的时候，刮起了少有的四五级大风，火借风势，风助火威，这场火顺势在桥南市场蔓延开来。三小时后，也就是11时左右，占桥南市场面积近一半的日化用品市场已经全部被大火包围。由于起火的时间是在8时之前，桥南市场尚未开门营业，营业员也没有到岗，但是火情最严重的桥南宾馆里住着几十位客人，再加上服务员，总共约有40多人。消防员赶到现场后立即对他们进行了营救。13时许，发生火灾的商业楼第四层的西南角突然发生局部坍塌，一名群众和两名消防指挥员受伤，一名消防战士被埋压。由于风力很大、取水困难，加上这个大市场经营皮革制品、服装等易燃轻工产品，灭火工作遇到很大困难。常德市调集三台大型挖掘机和两台重型吊车，赶到火势最猛的桥南市场靠近桥南汽车站的地带，清除坍塌物，准备打通一条消防通道，营救可能还困在火场里的人。因为着火点是在日化用品市场，一些日化用品在起火后燃起有毒烟雾，而最先到达火灾现场的一部分消防员因为没有准备防毒面具而受到影响。这次火灾造成共有包括消防战士在内的 69 名伤者被送往医院救治，没有人员死亡，过火面积约 5 万平方米。

三、湖南省衡阳市衡州大厦大火

2003 年 11 月 3 日凌晨 5 时许，湖南省衡阳市珠晖区衡州大厦发生火灾，正在酣睡中的 94 户人家 412 名居民被安全疏散。8 时 37 分，这幢 8 层高楼突然坍塌，20 名参加救援的消防队员被掩埋在废墟中殉职，受伤 16 人。衡州大厦是一栋商住大楼，建于 1997 年，为回字形砖混结构。1 层为仓库，2～3 层为商场。经营项目包括塑料制品、服装、玩具、干货、油漆等。4～8 层为民居。火是首先从 1 层仓库燃起的，起火原因是商户熏制干货造成的。衡阳大火是新中国成立以来死伤消防队员最多的火灾，引起了全社会的震惊，也让人们将关注的目光集中到商住楼的工程质量问题上。衡州大厦的设计者、施工者、监理者和物业管理者是永兴建筑集团，然而，在建设衡州大厦时，这家建筑公司尚无设计、施工资质，主事人李文革在没有取得施工许可证的情况下，也没有通过正规设计单位而擅自设计施工，绘制了两套图纸，一套用于报建，一套用于施工。报建的图纸是三栋砖混结构住宅楼，平行的，为"三"字形，6 层，首层是商业服务网点，建筑面积为 5 809 平方米。实际施工用的图纸却是一栋"回"字形的，8 层局部为 9 层的砖混结构的综合楼，首层为仓库，2～3 层为工农业厅，建筑面积为 9 300 平方米。衡州大厦大火，暴露了该项工程是一项"豆腐渣"工程。衡州大厦从工程规划到竣工验收，存在明显违规行为，教训十分惨重。

第三节　体育运动项目事故案例

一、英希尔斯堡足球惨案

1989年4月15日下午3时，在英国设菲尔德市希尔斯堡体育场，利物浦队和诺丁汉森林队开始了英国第108届足总杯的一场半决赛。

可容纳54 000人的希尔斯堡球场内座无虚席，连球门后面的站席看台上也挤满了观众。球赛开始后，场外4 000余名无票球迷和迟到者心急如焚，他们势如潮涌，向一个16英尺宽的大铁门入口挤去。3时零6分，大铁门被打开，数千名球迷如洪水决堤直冲球门后面的站席看台。

看台上正在欣赏球赛的观众毫无准备，有的被撞得人仰马翻，有的不由自主地被推向球场边的防暴网。在大门通向看台的过道上，人群像多米诺骨牌一样一个连一个倒下，后来者又被迫从倒地者身上踩过。看台上顿时乱作一团，惨叫声、哭喊声四起。被挤压在防暴铁网上的球迷最为遭殃，后来死亡人数主要集中在这一区域，此时主裁判被迫中止比赛。

十几分钟后，大队警察和救护人员赶到现场，但已造成95人死亡，200多人受伤。遇难者大多为30岁以下的年青人，其中还有数名妇女。年龄最小的才10岁。

据意大利卡塔尼亚反体育暴力国际会议上公布的数字，自1946年足球场上第一个重大惨案发生以来，至1989年共有1 200多人死于足球惨事，4 000多人受伤。

二、美加州游乐场设备坍塌事故

2008年5月16日,美国加利福尼亚州卡拉韦拉斯县游乐场一台游艺设备发生坍塌事故,设备上24名乘客全部受伤,大部分是儿童。

卡拉韦拉斯县游乐场位于萨克拉门托市东南130公里处。警方发言人戴维·锡韦尔说,当地时间16日下午6时刚过,游乐场内一台"悠悠机"(Yo-Yo)在运转中发生坍塌,当时机器上24名乘客全部受伤。其中3名重伤者被空运到附近医院抢救。

"悠悠机"是一种摇摆式离心机,它有许多金属"手臂","手臂"一端固定在轴上,另一端有座位。游客就位后,"悠悠机"开始"摆臂",幅度逐渐增大,最后"手臂"能甩到几乎与地面平行。

锡韦尔说,就在"悠悠机""摆臂"过程中,轴柱突然倒塌,乘客的坐椅撞到机器或地面上,24人全部受伤。他说,尚不清楚地面是否有人受伤,也不清楚这起事故的原因。卡拉韦拉斯县游乐场营销主管劳里说,事故发生后,游乐场已经关闭。

三、俄游泳馆坍塌

2005年12月4日中午12时30分左右,彼尔姆边疆区丘索沃伊市一家公立游泳馆的房顶突然坍塌,造成至少14人死亡,11人受伤,死者多数系参加周末训练的儿童游泳运动员。由于事故发生时当地普降大雪,俄有关部门初步认定,这座已有11年历史的游泳馆很可能是被积雪压垮。

据报道,当地时间中午12时30分左右,位于彼尔姆边疆区丘索沃伊市共青团街的一座公立游泳馆人声鼎沸,池内大约有50名大人和孩子正在水中嬉戏。突然,一阵天崩地裂般的巨响之后,游泳馆上方约100平方米的屋顶竟有70%的面积坍塌,断裂的水泥预制板和钢筋直愣愣砸向毫无心理准备的池中游客。

事故发生后，俄紧急状况部立即派出 300 多名救援人员迅速赶往现场抢救，4 台大型起重机马不停蹄地从一片狼藉的泳池废墟中打捞起一块块笨重的水泥预制板。

据悉，发生事故的这座游泳馆名叫"海豚游泳馆"，建造已经 11 年了，归当地一座金矿工场所有。当地检察院展开了刑事调查，警方初步分析后已经排除恐怖攻击的可能性，并且认为事故原因可能有二：一是施工方当年在建筑材料上偷工减料，二是天气温度变化太大，使得屋顶无法承受积雪从而造成意外。

第四节　宾馆事故案例

一、广东省深圳市端溪酒店"7·17"火灾

1996 年 7 月 17 日凌晨 1 时 50 分，深圳市端溪酒店（共 9 层）二楼因楼面经理离开其住室时未关闭电风扇，电风扇运转中织物卷入风扇罩内，致使风扇电源线过热燃烧，继而引燃周围可燃物酿成火灾。深圳市消防局接警后，立即全力组织扑救，救出 220 人，并于 2 时 30 分将火扑灭。火灾造成 29 人死亡，13 人受伤，直接财产损失 13 万余元。

火灾教训：①防火责任制不落实。该单位法定代表人没有依法履行防火管理职责，严重失职，既未按国家有关规定制定消防安全管理制度，也没有处置火灾事故的紧急预案，甚至将疏散通道封堵起来，以致起火后现场一片混乱。②建筑消防设施失效，未发挥作用。失火前该酒店内的消防供水管道阀门被关，致使消火栓失去作用；酒店南北两端四个疏散出口一个被封堵，两个被设置的铁栅栏锁住；3 至 9 层设置的防火门也均处于敞开状态，大量浓烟涌入楼层客房，致使 27 人因吸入大量有毒浓烟窒息死亡。③保安值班人员和服务人员如同虚设，他们发现着火时还是

火灾初期,但均不会使用灭火器灭火,又不及时报警,更严重的是没按规定及时按动手动报警警铃唤醒旅客和组织疏散,就急忙离开现场,致使大量人员困在楼内。④采用可燃材料装修,火灾时产生大量浓烟。由于着火的房间采用木夹板间隔,表面又装饰了海绵和化纤布,房内又存放 100 多张影碟和电视机、影碟机等电器,这些物品经燃烧产生大量的有毒烟气。⑤旅客中大部分缺乏自防自救常识,由于逃生和自救方法不当,有的被烟熏窒息死亡,有的跳楼摔死。

二、广东省汕头市华南宾馆火灾

2005 年 6 月 10 日 11 时 40 分,广东省汕头市潮南区峡山街道华南宾馆发生火灾,过火总面积 2 800 平方米,过火房间 43 间,共造成 31 人死亡、16 人受伤(其中 3 人重伤)。

事发当日 12 时 15 分,汕头市公安消防指挥中心接到火灾报警后先后调派 8 个公安消防中队、19 台消防车、137 名指战员和 4 个专职队的 5 台消防车前往扑救。大火于 13 时 45 分得到控制,并于 14 时 50 分基本被扑灭。共救出 67 名受困者,其中,12 名消防官兵因深入火场搜救被困人员时间过长、空气呼吸器内气体用尽而吸入浓烟中毒。起火建筑为潮南区峡山街道华南商贸广场华南宾馆,属私营企业。该建筑为钢筋混凝土框架结构,建筑面积 7 996 平方米,共四层,首层为大堂餐厅、棋牌室、理疗中心,二楼为餐厅包厢与卡拉 OK 合用房,三、四楼为客房。该建筑始建于 1993 年 10 月,1994 年 11 月竣工,原建筑功能为办公使用。1995 年底该建筑改为华南宾馆,转由私人经营,也未申报建筑消防设计审核验收和消防安全检查。

三、黑龙江省哈尔滨市天潭酒店大火

2003 年 2 月 2 日(正月初二)17 时 59 分,黑龙江省哈尔滨市道外区天潭酒店发生特大火灾,33人死亡,10人受伤。着火的建筑建于1993年,为钢混结构,高23米,呈"凹"字形,总建筑面积6 200平方米,地下1层,地上1~2层为天潭酒店,3~8层为居民住宅,共161户,居民493人。天潭酒店开业于1999年12月18日,建筑面积2 333平方米,地下1层用于灶房、配餐、贮藏,地上1层为大堂和包房,1层原有两个出口,着火时有1个出口是被封堵的,窗户上设有防盗铁栅栏。一名酒店服务员违章用汽油代替煤油燃料添加取暖炉引起火灾。最先着火的部位是大堂门厅,很快火焰沿着楼梯窜向二楼。在死者中,有7名是酒店的服务员,有26名是来此欢度春节同家人亲友共进晚宴的人们,在伤者中有2名重伤者也是服务员。死伤的服务员都是来自农村的青年人,进店之后未曾接受过防火教育。

第五节　仓库火灾案例

一、广东省深圳市安贸危险品储运公司清水河仓库"8·5"火灾爆炸事故

1993年8月5日13时15分,深圳市安贸危险品储运公司清水河仓库4号仓因违章将过硫酸铵、硫化钠等化学危险品混储,引起化学反应而发生火灾爆炸事故。火灾蔓延导致连续爆炸,爆炸又使火灾迅速蔓延,共发生2次大爆炸和7次小爆炸,有18处起火燃烧。为扑救这起火灾,广东省共调动9个市的各种消防车132辆,1 100多名消防指战员投入灭火战斗,至8月6日16时左右将大火基本扑灭,8月8日22时完全扑灭残火。这起火灾爆炸事故,死亡15人,受伤873人,其中重伤136人,烧毁、炸毁建筑物39 000平方米和大量化学物品等,直接经济损失约2.5亿元。

主要教训：

（1）违反消防法规，丙类物品仓库当甲类物品仓库使用。

（2）消防安全管理工作不落实。清水河仓库成为化学危险品储运仓后，安全管理工作也没跟上。作为一个危险场所，没有按消防安全十项标准要求搞好消防工作，安全管理较为混乱。①没有称职的防火安全干部，对仓库违章现象没能及时发现、及时纠正，自防能力弱，安全失控。②化学危险品进库没进行安全检查和技术监督，账目也不清。仓库存放什么货物，多少种货物，各种货物有什么危险性，各种货物有多少数量，仓管员心中无数，也找不到账单可查。③该仓库搬运工和部分仓管员是外来临时工，上岗前没经过必要的培训，文化素质较差，不懂各类化学危险品性质，平时不懂做好消防安全工作，发生火灾后又不懂采取有效措施控制火势，使小火酿成大灾。这些临时工工作岗位也经常变换，所以他们也搞不清楚仓库有什么、有多少东西。而且常发生货物堆放过高、间距过窄的违反规章、规程的事。④这么大型的危险物品场所竟没有消防应急预案，发生火灾不但没有自救能力，而且公安消防队赶到现场，该仓库没有人能为消防队展开灭火战斗提供现场可靠情况，致使公安和消防人员在灭火战斗中付出惨痛的代价。

（3）拒绝消防监督部门提出的整改意见，对隐患久拖不改。

（4）消防基础设施、技术装备与扑救特大火灾不适应。

二、山西省运城市半坡油库大火

2004年4月24日22时许，中国石油化工股份有限公司山西运城石油分公司半坡油库甲区6号大型储油罐发生特大火灾，造成直接经济损失325万元。火灾引起了中央领导的重视，并由公安部调集陕晋豫三省消防部队参与抢救"4·24"特大火灾。原因查明，是油库职工在值班期间相互勾结，从油库的计量孔往外倒油引发静电起火导致火灾。

经运城市公安局盐湖分局调查,四名犯罪嫌疑人中,有两人是油库的职工,一人是油库消防队员,一人是原石油公司的职工。四名犯罪嫌疑人早在半年前就开始预谋盗取半坡油库甲区6号油罐汽油,并购置了面包车和塑料桶等作案工具,还把油库的计量孔进行了改装,以方便盗油。盗窃汽油,引发火灾,负直接责任,被开除公职,移交司法机关追究其刑事责任。

半坡油库副主任张风清、贾梦恩负主要领导责任,两人被行政撤职,并建议所在党组织给予党内严重警告处分。半坡油库主任任寇智负有主要领导责任,给予行政降级处分,建议所在党组织给予党内严重警告处分。半坡油库党支部书记白歧山负有重要领导责任,建议所在党组织给予党内严重警告处分。

运城石油分公司副经理郭青龙对事故负有重要领导责任,给予行政记大过处分,建议所在党组织给予党内警告处分。分公司党委书记赵国珍负有重要领导责任,建议所在党组织给予党内警告处分。分公司经理申永生作为安全生产第一责任人,对公司系统安全、消防制度落实不到位,监督管理工作不力,对事故负有重要领导责任,给予行政记过处分。

三、重庆南岸一家具厂库房大火

2008年6月15日凌晨4时30分左右,重庆市南岸区一天门东生钢木家具厂的库房突然发生大火,库房内存放着大量的棉花、木材、铁架等机械设备被火魔死死包围,库房附近仅隔3米的厂房、宿舍和周围数栋居民房危在旦夕……火灾发生后,南岸区消防支队一中队立即出动3台消防车20名消防官兵赶往现场组织扑救。火灾过火面积100多平方米,造成经济损失达数十万元。

当日凌晨4时25分,南岸区一天门东生钢木家具厂内一片寂静,大家都沉浸在睡梦中,"嘭"——家具厂库房一楼的电表箱突然发出一声轻响,仅仅几秒钟过后,细小的火焰随着电线迅速引燃库房二楼存放的棉花,顷刻间,库房里一片火海。

4时28分,南岸区消防支队一中队接到总队"119"指挥中心调度,中队长袁坤立即率领3台消防车20名官兵紧急出动,此时,天空正在着倾盆大雨,能见度还不到2米。

4时40分,消防官兵赶到现场,只见一栋四层楼的库房燃起熊熊大火,库房上空一片火海,浓烟伴着火苗窜至9米余高,形成了立体燃烧,紧隔库房3米处就是厂房和宿舍,周边又是密集的居民住宅区,一旦火势蔓延后果不堪设想。

"电源还没有关闭,先停止进攻……"指挥员立即下令,并询问工厂负责人,才知电表早已经烧坏,要想断电只有请电力部门协助,现场电线错乱交织,为避免造成不必要伤亡,向总队"119"指挥中心汇报完情况后,现场指挥员改变了进攻路线,停止内攻,水枪为了避免射到电线,只能在外围扫射。仅仅数分钟后,一股浓烟又腾空而起,整个库房又被大火吞没。

5时40分左右,电力部门赶到现场,将电力中断。参战官兵再次进入火场内部奋力扑救。20分钟后,大火被扑灭。随即,官兵又冒着浓烟和灼人的蒸气,深入起火部位对余火进行清理。

6时20分,经过2个小时的奋战,大火被彻底扑灭。

第六节 踩踏案例

一、北京密云踩踏事故

2004年2月5日,北京密云县密虹公园举办的密云县第二届迎春灯展的第六天,晚7时45分,因一观灯游人在公园桥上跌倒,引起身后游人拥挤,造成踩死挤伤游人特大恶性事故,37

人死亡，15人受伤。

党中央、国务院对此事件高度重视。胡锦涛总书记、温家宝总理等中央领导同志分别作出重要指示。北京市委书记刘淇、代市长王歧山等迅速赶到现场，指挥部署伤员抢救和遇难者的善后工作，并到医院看望受伤人员。

接到报警后，密云县急救中心立即派出3辆急救车、9名医护人员火速赶到现场；同时，密云县中医院和滨阳医院抽调44名医生前来支援。同时，北京市120急救中心、北京市999急救中心、北京朝阳医院、北京积水潭医院等单位的约100名医疗专家、医护人员和22辆救护车火速赶到密云县医院急诊现场，投入抢救工作中。

事后，北京市对相关责任人进行了责任追究。

二、菲马尼拉踩踏事件

2006年2月4日上午，菲律宾首都马尼拉近郊的一座体育馆发生数万人的踩踏事件，至少造成88人死亡，300多人受伤，死者多数为年老的妇女。

事发地点位于距马尼拉13公里的帕西格市的尤尔特拉体育馆外。事发前，体育馆外大约有3万余人排队等候入场观看阿尔托广播系统——纪事广播网广播公司（ABS——CBN）组织的一场电视秀和领取抽奖券。

早上9时左右，人群突然出现骚动，纷纷涌向入口。由于入口外是一段斜坡，一些人滑倒后便遭到后面人的踩踏；队伍前面靠近入口铁门的人则被从上往下拥挤的人流挤压致死。

马尼拉警察局局长维达尔·奎罗尔介绍说："入口外的斜坡太陡，一个人被绊倒后，其他人就像多米诺骨牌一样接连倒下。"据红十字会官员透露，至少有88人被踩踏或挤压致死，另有300余人受伤。目击者看到，体育馆外狭窄的通道上到处是散落的鞋子和拖鞋。

三、重庆家乐福踩踏事件

2007年11月10日上午,重庆市沙坪坝区家乐福超市进行十周年店庆促销活动,由于人多拥挤,发生踩踏事故,造成3人死亡,31人受伤,其中有7人重伤。

位于重庆沙坪坝区的家乐福超市自11月9日开始进行"十周年店庆"活动,推出一系列优惠措施,吸引了众多市民抢购。11月10日8时20分,大批闻讯而来的市民涌入家乐福超市,由于人多拥挤,在超市东门入口处发生踩踏事故。

事故发生后,重庆卫生部门全力以赴抢救受伤人员,分别在西南医院、新桥医院、肿瘤医院、人民医院等4所医院成立了救治工作组,全力救治伤员,医院收治了31名伤者,其中有7人重伤。重庆市沙坪坝区政府办公室主任高昶说,有关部门已责成家乐福超市立即停业整顿,并由安监局牵头,启动事故调查,尽快查明事故起因和责任。

中央政治局委员、重庆市委书记汪洋在事故发生后立即作出批示,要求全力抢救伤员,做好善后工作;重庆市副市长吴家农、谢小军也赶到沙坪坝区指导善后处置工作,并到医院慰问受伤人员。

四、伊拉克巴格达灾难性踩踏事件

2005年8月31日上午巴格达发生的灾难性踩踏事件造成的死亡人数高达965人,另有465人受伤。

一名官员说,当天统计的死亡人数为843人,这是由巴格达各医院收到的死难者数字相加而得,另有100多人死后被直接送往他们所居住的巴格达东部的萨德尔城,因此伤亡人数发生变化。

这是自伊拉克战争爆发以来该国发生的伤亡最惨重的事件。

事件的起因是当时突然有人谎称有自杀式炸弹袭击,桥上数千人顿时一片混乱,最终酿成灾难性恶果。

五、四川省通江学校踩踏事故

2005年10月25日19时,通江县广纳镇中心小学学生下晚自习通过教学楼一楼至二楼转角平台时,因学生起哄拥挤,造成学生8人死亡,27人受伤,直接经济损失84万元的重大伤亡(踩踏)事故。

事故发生后,四川省连夜从成都市、巴中市组织专家和医疗组赶往通江县协助救治受伤学生。四川省省长张中伟、副省长刘晓峰也赶到现场组织指挥救治和善后事宜。

事后,广纳镇中心小学、通江县建筑设计院(原通江县文教建筑设计室)、巴中市建筑安装工程施工图审委员会、通江县文教局、通江县广纳镇人民政府、通江县人民政府等6家单位和17名个人均受到相应处理。

第七节 其他案例

一、波兰展览大厅坍塌事故

2006年1月28日,波兰西南部重要城市卡托维茨国际博览会一座展厅的屋顶傍晚发生坍塌,造成33人死亡,141人受伤。

据波通社报道,事故发生时大约有500到1 000人正在展厅内观看信鸽展。在伤者中还包括德国、捷克、比利时与荷兰等国公民。

事故发生后,波兰有关部门迅速派人营救,大约88人被送往医院救治,但是仍然有约100人在严寒中被困在坍塌的屋顶下。

波兰政府已于 29 日凌晨成立了中央调查委员会调查事故原因。当地官员说,屋顶倒塌很可能是由于积雪太厚造成的。最近,卡托维茨地区曾降大雪,部分地区的积雪厚度达 30 厘米。

二、法戴高乐机场候机楼坍塌事故

2004 年 5 月 23 日清晨巴黎戴高乐国际机场 2E 候机楼发生屋顶坍塌事故,造成 4 人不幸遇难,其中 2 名为中国公民,3 人轻伤。5 月 24 日在清理事故现场的过程中,又有救援人员听到了该建筑物的撕裂声。为安全起见,整个 2E 候机楼已于当日全面停止使用,大楼完全禁止无关人员进出。鉴于登机通道的坍塌对整个建筑的影响和可能的安全隐患,巴黎机场公司总裁已郑重表示,如有必要,就把这个耗资 7.5 亿欧元、建成使用还不到 1 年的豪华候机大楼全部毁掉重建。

法国交通部 7 月 6 日发表报告称,初步调查表明,巴黎戴高乐机场 2E 候机厅顶棚坍塌事故是由候机厅顶棚上的一个穿孔所致。

法国交通部引用事故调查报告说,候机厅水泥顶棚与圆柱形金属支柱连接处出现了穿孔。出现穿孔的确切原因尚不清楚,但可以肯定,正是这一穿孔导致了拱形顶棚中的一个弧度结构出现了折痕。连接顶棚外部金属支柱和水泥顶棚间的金属构件也因此受到了影响。

这一金属构件本来也负担着顶棚的重量,但弧度结构上的裂痕使这个构件逐渐穿过了顶棚,不再支撑数十吨重的顶棚,最终导致拱形顶棚发生坍塌。

三、吉林省辽源市中心医院火灾

2005 年 12 月 15 日 16 时 30 分,吉林省辽源市中心医院住院楼发生火灾,大火造成 40 人死亡。

12月15日16时10分许,吉林省辽源市中心医院突然停电。电工在一次电源跳闸、备用电源未自动启动的情况下,强行推闸送电。16时30分许,配电箱发出"砰砰"声,并产生电弧和烟雾,导致配电室发生火灾,在自救无效的情况下,于16时57分才打电话报警,前后历时近30分钟,造成了火势的迅速发展蔓延。因该单位延误了扑救初起火灾、控制火势的最佳时机,消防队到达现场时,已形成大量人员被困的复杂局面,群死群伤事故已经不可避免。

火灾发生后,辽源市消防支队指挥中心立即调集26辆消防车、82名指战员赶到现场救援;省消防总队先后调集长春、四平、通化等地18辆消防车增援。经过五个多小时奋战,大火基本被扑灭。

在这场火灾中,过火面积达5 714平方米。这次大火造成40人死亡、28人重伤、182人受伤,火灾直接损失821万多,是新中国成立以来卫生系统最大的一起火灾。

第六章 人员密集场所安全管理的有关规定

第一节 公安部关于人员密集场所加强消防安全管理的通告

为保护公民人身、公共财产和公民财产安全，维护公共安全，根据《中华人民共和国消防法》等法律法规，特就人员密集场所加强消防安全管理有关事项通告如下：

一、人员密集场所的业主和经营使用单位必须遵守消防法律法规和技术标准规定，严禁违法使用易燃可燃材料装修、擅自改变建筑结构和用途。

二、人员密集场所所属单位的法定代表人或主要负责人是本场所的消防安全责任人，对消防安全工作全面负责。

三、人员密集场所应当建立健全各项消防安全管理制度，落实逐级和岗位消防安全责任，加强消防设施和器材日常管理维护，加强员工岗前和定期消防安全教育培训，组织开展防火检查，消除火灾隐患。

四、人员密集场所的疏散通道和安全出口必须保持畅通，安全疏散指示标志和火灾应急广播系统必须符合规定，严禁占用和阻塞疏散通道、锁闭和遮挡安全出口。有人员住宿的场所，安全出口必须24小时保持畅通。

五、人员密集场所应当按照有关标准设置火灾自动报警、自动灭火、消火栓等建筑消防设施和灭火器材,任何单位和个人不得擅自停用、挪用、遮挡、损坏、拆除或埋压圈占。

六、人员密集场所的电气设备安装、电气线路敷设应当符合法律法规和技术标准,严禁擅自拉接临时电线、违规使用明火照明和进行电焊、气焊操作。

七、人员密集场所严禁违规使用、存放易燃易爆危险物品,严禁非法携带易燃易爆危险物品进入,严禁在建筑内燃放烟花。

八、人员密集场所严禁超员使用。

九、人员密集场所应当制定灭火疏散应急预案并组织演练;发生火灾时,必须立即报警并组织人员疏散和扑救初起火灾。

十、公民应当自觉遵守消防法律法规和公共场所消防安全管理规定;发现违反消防法律法规的行为,积极向公安机关举报。

本通告所称人员密集场所是指宾馆、饭店等餐饮场所,商场、市场、超市、金融和证券交易厅等商业场所,歌舞厅、影剧院、夜总会、游艺厅、网吧、洗浴等公共娱乐休闲场所,医院、学校、托儿所、幼儿园、养老院、福利院等公共服务场所,体育场馆、展览馆、博物馆、图书馆、会堂等人员集中场所,汽车、火车站候车室、港口码头候船室、机场候机厅、人员密集的生产加工车间及员工集体宿舍。

对违反本通告的行为,公安机关依法予以行政处罚;构成犯罪的,依法追究刑事责任。

特此通告。

中华人民共和国公安部
二〇〇七年十二月二十日

第二节 机关、团体、企业、事业单位消防安全管理规定

中华人民共和国公安部令

第 61 号

《机关、团体、企业、事业单位消防安全管理规定》已经 2001 年 10 月 19 日公安部部长办公会议通过,现予发布,自 2002 年 5 月 1 日起施行。

公安部部长 贾春旺

二〇〇一年十一月十四日

第一章 总 则

第一条 为了加强和规范机关、团体、企业、事业单位的消防安全管理,预防火灾和减少火灾危害,根据《中华人民共和国消防法》,制定本规定。

第二条 本规定适用于中华人民共和国境内的机关、团体、企业、事业单位(以下统称单位)自身的消防安全管理。

法律、法规另有规定的除外。

第三条 单位应当遵守消防法律、法规、规章(以下统称消防法规),贯彻预防为主,防消结合的消防工作方针,履行消防安全职责,保障消防安全。

第四条 法人单位的法定代表人或者非法人单位的主要负责人是单位的消防安全责任人,对本单位的消防安全工作全面负责。

第五条 单位应当落实逐级消防安全责任制和岗位消防安全责任制,明确逐级和岗位消防安全职责,确定各级、各岗位的消

防安全责任人。

第二章 消防安全责任

第六条 单位的消防安全责任人应当履行下列消防安全职责：

（一）贯彻执行消防法规，保障单位消防安全符合规定，掌握本单位的消防安全情况；

（二）将消防工作与本单位的生产、科研、经营、管理等活动统筹安排，批准实施年度消防工作计划；

（三）为本单位的消防安全提供必要的经费和组织保障；

（四）确定逐级消防安全责任，批准实施消防安全制度和保障消防安全的操作规程；

（五）组织防火检查，督促落实火灾隐患整改，及时处理涉及消防安全的重大问题；

（六）根据消防法规的规定建立专职消防队、义务消防队；

（七）组织制定符合本单位实际的灭火和应急疏散预案，并实施演练。

第七条 单位可以根据需要确定本单位的消防安全管理人。消防安全管理人对单位的消防安全责任人负责，实施和组织落实下列消防安全管理工作：

（一）拟订年度消防工作计划，组织实施日常消防安全管理工作；

（二）组织制订消防安全制度和保障消防安全的操作规程并检查督促其落实；

（三）拟订消防安全工作的资金投入和组织保障方案；

（四）组织实施防火检查和火灾隐患整改工作；

（五）组织实施对本单位消防设施、灭火器材和消防安全标志维护保养，确保其完好有效，确保疏散通道和安全出口畅通；

（六）组织管理专职消防队和义务消防队；

（七）在员工中组织开展消防知识、技能的宣传教育和培训，组织灭火和应急疏散预案的实施和演练；

（八）单位消防安全责任人委托的其他消防安全管理工作。

消防安全管理人应当定期向消防安全责任人报告消防安全情况，及时报告涉及消防安全的重大问题。未确定消防安全管理人的单位，前款规定的消防安全管理工作由单位消防安全责任人负责实施。

第八条　实行承包、租赁或者委托经营、管理时，产权单位应当提供符合消防安全要求的建筑物，当事人在订立的合同中依照有关规定明确各方的消防安全责任；消防车通道、涉及公共消防安全的疏散设施和其他建筑消防设施应当由产权单位或者委托管理的单位统一管理。

承包、承租或者受委托经营、管理的单位应当遵守本规定，在其使用、管理范围内履行消防安全职责。

第九条　对于有两个以上产权单位和使用单位的建筑物，各产权单位、使用单位对消防车通道、涉及公共消防安全的疏散设施和其他建筑消防设施应当明确管理责任，可以委托统一管理。

第十条　居民住宅区的物业管理单位应当在管理范围内履行下列消防安全职责：

（一）制定消防安全制度，落实消防安全责任，开展消防安全宣传教育；

（二）开展防火检查，消除火灾隐患；

（三）保障疏散通道、安全出口、消防车通道畅通；

（四）保障公共消防设施、器材以及消防安全标志完好有效。

其他物业管理单位应当对受委托管理范围内的公共消防安全管理工作负责。

第十一条　举办集会、焰火晚会、灯会等具有火灾危险的大型活动的主办单位、承办单位以及提供场地的单位,应当在订立的合同中明确各方的消防安全责任。

第十二条 建筑工程施工现场的消防安全由施工单位负责。实行施工总承包的,由总承包单位负责。分包单位向总承包单位负责,服从总承包单位对施工现场的消防安全管理。

对建筑物进行局部改建、扩建和装修的工程,建设单位应当与施工单位在订立的合同中明确各方对施工现场的消防安全责任。

第三章 消防安全管理

第十三条 下列范围的单位是消防安全重点单位,应当按照本规定的要求,实行严格管理:

(一)商场(市场)、宾馆(饭店)、体育场(馆)、会堂、公共娱乐场所等公众聚集场所(以下统称公众聚集场所);

(二)医院、养老院和寄宿制的学校、托儿所、幼儿园;

(三)国家机关;

(四)广播电台、电视台和邮政、通信枢纽;

(五)客运车站、码头、民用机场;

(六)公共图书馆、展览馆、博物馆、档案馆以及具有火灾危险性的文物保护单位;

(七)发电厂(站)和电网经营企业;

(八)易燃易爆化学物品的生产、充装、储存、供应、销售单位;

(九)服装、制鞋等劳动密集型生产、加工企业;

(十)重要的科研单位;

(十一)其他发生火灾可能性较大以及一旦发生火灾可能造成重大人身伤亡或者财产损失的单位。

高层办公楼(写字楼)、高层公寓楼等高层公共建筑、城市

第六章 人员密集场所安全管理的有关规定

地下铁道、地下观光隧道等地下公共建筑和城市重要的交通隧道、粮、棉、木材、百货等物资集中的大型仓库和堆场，国家和省级等重点工程的施工现场，应当按照本规定对消防安全重点单位的要求，实行严格管理。

第十四条 消防安全重点单位及其消防安全责任人、消防安全管理人应当报当地公安消防机构备案。

第十五条 消防安全重点单位应当设置或者确定消防工作的归口管理职能部门，并确定专职或者兼职的消防管理人员；其他单位应当确定专职或者兼职消防管理人员，可以确定消防工作的归口管理职能部门。归口管理职能部门和专兼职消防管理人员在消防安全责任人或者消防安全管理人的领导下开展消防安全管理工作。

第十六条 公众聚集场所应当在具备下列消防安全条件后，向当地公安消防机构申报进行消防安全检查，经检查合格后方可开业使用：

（一）依法办理建筑工作消防设计审核手续，并经消防验收合格；

（二）建立健全消防安全组织，消防安全责任明确；

（三）建立消防安全管理制度和保障消防安全的操作规程；

（四）员工经过消防安全培训；

（五）建筑消防设施齐全、完好有效；

（六）制定灭火和应急疏散预案。

第十七条 举办集会、焰火晚会、灯会等具有火灾危险的大型活动，主办或者承办单位应当在具备消防安全条件后，向公安消防机构申报对活动现场进行消防安全检查，经检查合格后方可举办。

第十八条 单位应当按照国家有关规定，结合本单位的特点，建立健全各项消防安全制度和保障消防安全的操作规程，并公布执行。

单位消防安全制度主要包括以下内容：消防安全教育、培训；防火巡查、检查；安全疏散设施管理；消防（控制室）值班；消防设施、器材维护管理；火灾隐患整改；用火、用电安全管理；易燃易爆危险物品和场所防火防爆；专职和义务消防队的组织管理；灭火和应急疏散预案演练；燃气和电气设备的检查和管理（包括防雷、防静电）；消防安全工作考评和奖惩；其他必要的消防安全内容。

第十九条 单位应当将容易发生火灾、一旦发生火灾可能严重危及人身和财产安全以及对消防安全有重大影响的部位确定为消防安全重点部位，设置明显的防火标志，实行严格管理。

第二十条 单位应当对动用明火实行严格的消防安全管理。禁止在具有火灾、爆炸危险的场所使用明火；因特殊情况需要进行电、气焊等明火作业的，动火部门和人员应当按照单位的用火管理制度办理审批手续，落实现场监护人，在确认无火灾、爆炸危险后方可动火施工。动火施工人员应当遵守消防安全规定，并落实相应的消防安全措施。

公众聚集场所或者两个以上单位共同使用的建筑物局部施工需要使用明火时，施工单位和使用单位应当共同采取措施，将施工区和使用区进行防火分隔，清除动火区域的易燃、可燃物，配置消防器材，专人监护，保证施工及使用范围的消防安全。

公共娱乐场所在营业期间禁止动火施工。

第二十一条 单位应当保障疏散通道、安全出口畅通，并设置符合国家规定的消防安全疏散指示标志和应急照明设施，保持防火门、防火卷帘、消防安全疏散指示标志、应急照明、机械排烟送风、火灾事故广播等设施处于正常状态。

严禁下列行为：

（一）占用疏散通道；

（二）在安全出口或者疏散通道上安装栅栏等影响疏散的障碍物；

（三）在营业、生产、教学、工作等期间将安全出口上锁、遮挡或者将消防安全疏散指示标志遮挡、覆盖；

（四）其他影响安全疏散的行为。

第二十二条 单位应当遵守国家有关规定，对易燃易爆危险物品的生产、使用、储存、销售、运输或者销毁实行严格的消防安全管理。

第二十三条 单位应当根据消防法规的有关规定，建立专职消防队、义务消防队，配备相应的消防装备、器材，并组织开展消防业务学习和灭火技能训练，提高预防和扑救火灾的能力。

第二十四条 单位发生火灾时，应当立即实施灭火和应急疏散预案，务必做到及时报警，迅速扑救火灾，及时疏散人员。邻近单位应当给予支援。任何单位、人员都应当无偿为报火警提供便利，不得阻拦报警。

单位应当为公安消防机构抢救人员、扑救火灾提供便利和条件。

火灾扑灭后，起火单位应当保护现场，接受事故调查，如实提供火灾事故的情况，协助公安消防机构调查火灾原因，核定火灾损失，查明火灾事故责任。未经公安消防机构同意，不得擅自清理火灾现场。

第四章　防火检查

第二十五条 消防安全重点单位应当进行每日防火巡查，并确定巡查的人员、内容、部位和频次。其他单位可以根据需要组织防火巡查。巡查的内容应当包括：

（一）用火、用电有无违章情况；

（二）安全出口、疏散通道是否畅通，安全疏散指示标志、

应急照明是否完好;

（三）消防设施、器材和消防安全标志是否在位、完整;

（四）常闭式防火门是否处于关闭状态、防火卷帘下是否堆放物品影响使用;

（五）消防安全重点部位的人员在岗情况;

（六）其他消防安全情况。

公众聚集场所在营业期间的防火巡查应当至少每二小时一次;营业结束时应当对营业现场进行检查,消除遗留火种。医院、养老院、寄宿制的学校、托儿所、幼儿园应当加强夜间防火巡查,其他消防安全重点单位可以结合实际组织夜间防火巡查。

防火巡查人员应当及时纠正违章行为,妥善处置火灾危险,无法当场处置的,应当立即报告。发现初起火灾应当立即报警并及时扑救。

防火巡查应当填写巡查记录,巡查人员及其主管人员应当在巡查记录上签名。

第二十六条 机关、团体、事业单位应当至少每季度进行一次防火检查,其他单位应当至少每月进行一次防火检查。检查的内容应当包括:

（一）火灾隐患的整改情况以及防范措施的落实情况;

（二）安全疏散通道、疏散指示标志、应急照明和安全出口情况;

（三）消防车通道、消防水源情况;

（四）灭火器材配置及有效情况;

（五）用火、用电有无违章情况;

（六）重点工种人员以及其他员工消防知识的掌握情况;

（七）消防安全重点部位的管理情况;

（八）易燃易爆危险物品和场所防火防爆措施的落实情况以及其他重要物资的防火安全情况;

第六章 人员密集场所安全管理的有关规定

（九）消防（控制室）值班情况和设施运行、记录情况；

（十）防火巡查情况；

（十一）消防安全标志的设置情况和完好、有效情况；

（十二）其他需要检查的内容。

防火检查应当填写检查记录。检查人员和被检查部门负责人应当在检查记录上签名。

第二十七条　单位应当按照建筑消防设施检查维修保养有关规定的要求，对建筑消防设施的完好有效情况进行检查和维修保养。

第二十八条　设有自动消防设施的单位，应当按照有关规定定期对其自动消防设施进行全面检查测试，并出具检测报告，存档备查。

第二十九条　单位应当按照有关规定定期对灭火器进行维护保养和维修检查。对灭火器应当建立档案资料，记明配置类型、数量、设置位置、检查维修单位（人员）、更换药剂的时间等有关情况。

第五章　火灾隐患整改

第三十条　单位对存在的火灾隐患，应当及时予以消除。

第三十一条　单位对下列违反消防安全规定的行为，应当责成有关人员当场改正并督促落实：

（一）违章进入生产、储存易燃易爆危险物品场所的；

（二）违章使用明火作业或者在具有火灾、爆炸危险的场所吸烟、使用明火等违反禁令的；

（三）将安全出口上锁、遮挡，或者占用、堆放物品影响疏散通道畅通的；

（四）消火栓、灭火器材被遮挡影响使用或者被挪作他用的；

（五）常闭式防火门处于开启状态，防火卷帘下堆放物品影响使用的；

（六）消防设施管理、值班人员和防火巡查人员脱岗的；

（七）违章关闭消防设施、切断消防电源的；

（八）其他可以当场改正的行为。

违反前款规定的情况以及改正情况应当有记录并存档备查。

第三十二条　不能当场改正的火灾隐患，消防工作归口管理职能部门或者专兼职消防管理人员应当根据本单位的管理分工，及时将存在的火灾隐患向单位的消防安全管理人或者消防安全责任人报告，提出整改方案。消防安全管理人或者消防安全责任人应当确定整改的措施、期限以及负责整改的部门、人员，并落实整改资金。

在火灾隐患未消除之前，单位应当落实防范措施，保障消防安全。不能确保消防安全，随时可能引发火灾或者一旦发生火灾将严重危及人身安全的，应当将危险部位停产停业整改。

第三十三条　火灾隐患整改完毕，负责整改的部门或者人员应当将整改情况记录报送消防安全责任人或者消防安全管理人签字确认后存档备查。

第三十四条　对于涉及城市规划布局而不自身解决的重大火灾隐患，以及机关、团体、事业单位确无能力解决的重大火灾隐患，单位应当提出解决方案并及时向其上级主管部门或者当地人民政府报告。

第三十五条　对公安消防机构责令限期改正的火灾隐患，单位应当在规定的期限内改正并写出火灾隐患整改复函，报送公安消防机构。

第六章　消防安全宣传教育和培训

第三十六条　单位应当通过多种形式开展经常性的消防安全宣传教育。消防安全重点单位对每名员工应当至少每年进行一次

第六章 人员密集场所安全管理的有关规定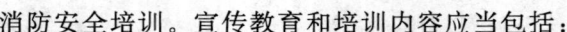

消防安全培训。宣传教育和培训内容应当包括：

（一）有关消防法规、消防安全制度和保障消防安全的操作规程；

（二）本单位、本岗位的火灾危险性和防火措施；

（三）有关消防设施的性能、灭火器材的使用方法；

（四）报火警、扑救初起火灾以及自救逃生的知识和技能。

公众聚集场所对员工的消防安全培训应当至少每半年进行一次，培训的内容还应当包括组织、引导在场群众疏散的知识和技能。

单位应当组织新上岗和进入新岗位的员工进行上岗前的消防安全培训。

第三十七条 公众聚集场所在营业、活动期间，应当通过张贴图画、广播、闭路电视等向公众宣传防火、灭火、疏散逃生等常识。

学校、幼儿园应当通过寓教于乐等多种形式对学生和幼儿进行消防安全常识教育。

第三十八条 下列人员应当接受消防安全专门培训：

（一）单位的消防安全责任人、消防安全管理人；

（二）专、兼职消防管理人员；

（三）消防控制室的值班、操作人员；

（四）其他依照规定应当接受消防安全专门培训的人员。

前款规定中的第（三）项人员应当持证上岗。

第七章 灭火、应急疏散预案和演练

第三十九条 消防安全重点单位制定的灭火和应急疏散预案应当包括下列内容：

（一）组织机构，包括：灭火行动组、通讯联络组、疏散引导组、安全防护救护组；

（二）报警和接警处置程序；
（三）应急疏散的组织程序和措施；
（四）扑救初起火灾的程序和措施；
（五）通讯联络、安全防护救护的程序和措施。

第四十条 消防安全重点单位应当按照灭火和应急疏散预案、至少每半年进行一次演练，并结合实际，不断完善预案。其他单位应当结合本单位实际，参照制定相应的应急方案，至少每年组织一次演练。

消防演练时，应当设置明显标识并事先告知演练范围内的人员。

第八章 消防档案

第四十一条 消防安全重点单位应当建立健全消防档案。消防档案应当包括消防安全基本情况和消防安全管理情况。消防档案应当详实，全面反映单位消防工作的基本情况，并附有必要的图表，根据情况变化及时更新。

单位应当对消防档案统一保管、备查。

第四十二条 消防安全基本情况应当包括以下内容：

（一）单位基本概况和消防安全重点部位情况；
（二）建筑物或者场所施工、使用或者开业前的消防设计审核、消防验收以及消防安全检查的文件、资料；
（三）消防管理组织机构和各级消防安全责任人；
（四）消防安全制度；
（五）消防设施、灭火器材情况；
（六）专职消防队、义务消防队人员及其消防装备配备情况；
（七）与消防安全有关的重点工种人员情况；
（八）新增消防产品、防火材料的合格证明材料；
（九）灭火和应急疏散预案。

第四十三条 消防安全管理情况应当包括以下内容：

（一）公安消防机构填发的各种法律文书；

（二）消防设施定期检查记录、自动消防设施全面检查测试的报告以及维修保养的记录；

（三）火灾隐患及其整改情况记录；

（四）防火检查、巡查记录；

（五）有关燃气、电气设备检测（包括防雷、防静电）等记录资料；

（六）消防安全培训记录；

（七）灭火和应急疏散预案的演练记录；

（八）火灾情况记录；

（九）消防奖惩情况记录。

前款规定中的第（二）、（三）、（四）、（五）项记录，应当记明检查的人员、时间、部位、内容、发现的火灾隐患以及处理措施等；第（六）项记录，应当记明培训的时间、参加人员、内容等；第（七）项记录，应当记明演练的时间、地点、内容、参加部门以及人员等。

第四十四条 其他单位应当将本单位的基本概况、公安消防机构填发的各种法律文书、与消防工作有关的材料和记录等统一保管备查。

第九章 奖　惩

第四十五条 单位应当将消防安全工作纳入内部检查、考核、评比内容。对在消防安全工作中成绩突出的部门（班组）和个人，单位应当给予表彰奖励。对未依法履行消防安全职责或者违反单位消防安全制度的行为，应当依照有关规定对责任人员给予行政纪律处分或者其他处理。

第四十六条 违反本规定，依法应当给予行政处罚的，依照有关法律、法规予以处罚;构成犯罪的,依法追究刑事责任。

第十章 附 则

第四十七条 公安消防机构对本规定的执行情况依法实施监督,并对自身滥用职权、玩忽职守、徇私舞弊的行为承担法律责任。

第四十八条 本规定自2002年5月1日起施行。本规定施行以前公安部发布的规章中的有关规定与本规定不一致的,以本规定为准。

第三节 集贸市场消防安全管理办法

中华人民共和国公安部、国家工商行政管理局令
第19号

《集贸市场消防管理办法》已经公安部、国家工商行政管理局批准,现予发布施行。

公安部部长 陶驷驹

国家工商行政管理局局长 王众孚

一九九四年十二月二十五日

第一章 总 则

第一条 为了加强集贸市场的消防安全管理,预防和减少火灾的发生,根据《中华人民共和国消防条例》及其实施细则和有关规定,制定本办法。

第二条 本办法所称集贸市场,是指在工商行政管理机关办理市场登记的下列农副产品市场、日用工业品市场和综合市场:

(一)建筑面积1 000平方米以上或者摊位100个以上的室

内市场;

(二) 占地面积 1 000 平方米以上或者摊位 200 个以上的室外市场;

(三) 设在地下建筑内的市场。

其他集贸市场结合当地实际参照执行。

第三条 集贸市场严禁经营易燃易爆物品。

第四条 集贸市场的消防安全工作由主办单位负责,工商行政管理机关协助,公安消防监督机构实施监督。

第二章 消防组织

第五条 集贸市场主办单位应当建立消防管理机构;多家合办的应当成立有关单位负责人参加的防火领导机构,统一管理消防安全工作。

第六条 集贸市场的负责人为该市场的防火负责人。其主要职责是:

(一) 与参与市场经营活动的单位和个人签订《防火灾全责任书》;

(二) 组织开展消防安全教育,制定用火用电等防火管理制度;

(三) 组织防火人员开展消防检查,整改火险隐患,制定紧急疏散方案;

(四) 组建专职、义务消防队,制定灭火预案,开展灭火演练;

(五) 负责市场内灭火器具等消防器材的配置;

(六) 组织扑救初期火灾和人员疏散,保护火灾现场。

第七条 各类集贸市场应当建立义务消防队。下列集贸市场,应当配备专职防火人员:

(一) 建筑面积 10 000 平方米以上或者摊位 1 000 个以上的

室内集贸市场；

（二）占地面积10 000平方米以上或者摊位2 000个以上的室外集贸市场；

（三）建筑面积1 000平方米以上或者摊位100个以上的地下集贸市场。

规模小于上述市场的其他集贸市场，可设兼职防火人员，有条件的可设专职防火人员。

第八条 下列日用工业品市场及综合集贸市场，应当建立不拘形式的专职消防队。一时难于具备条件的，应当采取临时有效应急措施。

（一）建筑面积20 000平方米以上或者摊位2 000个以上的室内市场；

（二）占地面积20 000平方米以上或者摊位4 000个以上的室外市场；

（三）建筑面积2 000平方米或者摊位200个以上的地下市场。

第九条 集贸市场内应当实行消防安全值班和巡逻检查制度。

第十条 集贸市场内的各类人员，应当接受市场主办或合办单位的防火安全管理，各摊位经营人员有接受消防安全教育和培训、参加义务消防组织及扑救火灾的义务。

第三章 建筑防火管理

第十一条 所有新建、扩建、改建及室内装修的集贸市场，其防火设计必须符合国家有关消防技术规范的规定，并报当地公安消防监督机构审核。工程竣工后，应当经公安消防监督机构验收合格方可使用。

主办单位和经营者如需改变建筑格局或使用性质，应当事先

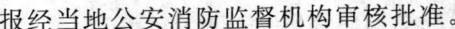

报经当地公安消防监督机构审核批准。

第十二条 凡在城镇搭建室外集贸市场的，主办单位或合办单位应当事先将其选址及占用场地等情况，报经当地公安消防监督机构实施防火审核。

第十三条 室外搭建的集贸市场，其顶棚应当采用非燃或难燃材料。

第十四条 室外集贸市场不得堵塞消防车通道和影响公共消防设施的使用；与甲、乙类火灾危险性的厂房、仓库和易燃、可燃材料堆场要保持50米以上的安全距离。

第十五条 室外集贸市场在高压线下两侧5米以内，不得摆摊设点。

第十六条 集贸市场要按商品的种类和火灾危险性，划分若干区域，区域之间保持相应的安全疏散通道。

第四章 用火用电防火管理

第十七条 集贸市场内严禁燃放烟花爆竹和焚烧物品。在划定的严禁烟火的部位或区域，应当设置醒目的禁烟火标志。

第十八条 集贸市场内的电气线路和用电设备，必须符合国家有关电气设计、安装规范的要求。

第十九条 集贸市场内经营者使用的电气线路和用电设备，必须统一由主办单位委托具有资格的施工单位和持有合格证的电工负责安装、检查和维修。

严禁个人拉设临时线路。

第二十条 集贸市场营业照明用电，应当与动力、消防用电分开设置。

第二十一条 室外集贸市场不应设置碘钨灯等高温照明灯具。

第二十二条 集贸市场内的电源开关、插座等，应当安装在封闭式的配电箱内。配电箱应当用非燃烧材料制作。

第五章 消防设施、器材的配备及管理

第二十三条 集贸市场内的营业厅、办公室、仓库等用房,应当按照国家《建筑灭火器配置设计规范》的规定,由主办或合办单位负责配备相应的灭火机具。

第二十四条 集贸市场建筑物内的固定消防设施的维修和保养,由集贸市场产权单位负责。

第二十五条 专职或义务消防队所必需的消防器材装备,由集贸市场主办单位配备。

第二十六条 各摊位应当在市场主办或合办单位的组织下,配置相应的灭火机具,并掌握使用方法。

第二十七条 公共消防设施、器材,应当布置在明显和便于取用的地点,明确专人管理。任何人不得将公共消火栓圈入摊位内。

第二十八条 集贸市场应当配备基本的消防通讯和报警装置,一旦发生火灾能做到及时报警。

第六章 奖 惩

第二十九条 对在消防工作中做出成绩的单位和个人,由市场主办或合办单位、工商行政管理机关和公安消防监督机构予以表彰、奖励。

第三十条 违反本办法规定的,按照有关法规予以处罚;构成犯罪的,依法追究刑事责任。

第七章 附 则

第三十一条 本办法由公安部和国家工商行政管理局共同负

责解释。

第三十二条 本办法自公布之日起施行。

第四节 公共娱乐场所消防安全管理规定

(1999年5月25日中华人民共和国公安部令第39号发布施行)

第一条 为了预防火灾，保障公共安全，依据《中华人民共和国消防法》制定本规定。

第二条 本规定所称公共娱乐场所，是指向公众开放的下列室内场所：

（一）影剧院、录像厅、礼堂等演出、放映场所；

（二）舞厅、卡拉OK厅等歌舞娱乐场所；

（三）具有娱乐功能的夜总会、音乐茶座和餐饮场所；

（四）游艺、游乐场所；

（五）保龄球馆、旱冰场、桑拿浴室等营业性健身、休闲场所。

第三条 公共娱乐场所应当在法定代表人或者主要负责人中确定一名本单位的消防安全责任人。在消防安全责任人确定或者变更时，应当向当地公安消防机构备案。

消防安全责任人应当依照《消防法》第十四条和第十六条规定履行消防安全职责，负责检查和落实本单位防火措施、灭火预案的制定和演练以及建筑消防设施、消防通道、电源和火源管理等。

公共娱乐场所的房产所有者在与其他单位、个人发生租赁、承包等关系后，公共娱乐场所的消防安全由经营者负责。

第四条 新建、改建、扩建公共娱乐场所或者变更公共娱乐场所内部装修的，其消防设计应当符合国家有关建筑消防技术标准的规定。

第五条 新建、改建、扩建公共娱乐场所或者变更公共娱乐场所内部装修的，建设或者经营单位应当依法将消防设计图纸报送当地公安消防机构审核；经审核同意方可施工；工程竣工时，必须经公安消防机构进行消防验收；未经验收或者经验收不合格的，不得投入使用。

第六条 公众聚集的娱乐场所在使用或者开业前，必须具备消防安全条件，依法向当地公安消防机构申报检查，经消防安全检查合格后，发给《消防安全检查意见书》，方可使用或者开业。

第七条 公共娱乐场所宜设置在耐火等级不低于二级的建筑物内；已经核准设置在三级耐火等级建筑内的公共娱乐场所，应当符合特定的防火安全要求。

公共娱乐场所不得设置在文物古建筑和博物馆、图书馆建筑内，不得毗连重要仓库或者危险物品仓库；不得在居民楼内改建公共娱乐场所。

公共娱乐场所与其他建筑相毗连或者附设在其他建筑物内时，应当按照独立的防火分区设置；商住楼内的公共娱乐场所与居民住宅的安全出口应当分开设段。

第八条 公共娱乐场所的内部装修设计和施工，应当符合《建筑内部装修设计防火规范》和有关建筑内部装饰装修防火管理的规定。

第九条 公共娱乐场所的安全出口数目、疏散宽度和距离，应当符合国家有关建筑设计防火规范的规定。

安全出口处不得设置门槛、台阶，疏散门应向外开启，不得采用卷帘门、转门、吊门和侧拉门，门口不得设置门窗、屏风等影响疏散的遮挡物。

公共娱乐场所在营业时必须确保安全出口和疏散通道畅通无阻，严禁将安全出口上锁、阻塞。

第十条 安全出口、疏散通道和楼梯口应当设置符合标准的灯光疏散指示标志。指示标志应当设在门的顶部、疏散通道和转角处距地面一米以下的墙面上。设在走道上的指示标志的间距不得大于二十米。

第十一条 公共娱乐场所内应当设置火灾事故应急照明灯,照明供电时间不得少于二十分钟。

第十二条 公共娱乐场所必须加强电气防火安全管理,及时消除火灾隐患。不得超负荷用电,不得擅自拉接临时电线。

第十三条 在地下建筑内设置公共娱乐场所,除符合本规定其他条款的要求外,还应当符合下列规定:

(一)只允许设在地下一层;

(二)通往地面的安全出口不应少于二个,安全出口、楼梯和走道的宽度应当符合有关建筑设计防火规范的规定;

(三)应当设置机械防烟排烟设施;

(四)应当设置火灾自动报警系统和自动喷水灭火系统;

(五)严禁使用液化石油气。

第十四条 公共娱乐场所内严禁带入和存放易燃易爆物品。

第十五条 严禁在公共娱乐场所营业时进行设备检修、电气焊、油漆粉刷等施工、维修作业。

第十六条 演出、放映场所的观众厅内禁止吸烟和明火照明。

第十七条 公共娱乐场所在营业时,不得超过额定人数。

第十八条 卡拉OK厅及其包房内,应当设置声音或者视像警报,保证在火灾发生初期,将各卡拉OK房间的画面、音响消除,播送火灾警报,引导人们安全疏散。

第十九条 公共娱乐场所应当制定防火安全管理制度,制定紧急安全疏散方案。在营业时间和营业结束后,应当指定专人进行安全巡视检查。

第二十条 公共娱乐场所应当建立全员防火安全责任制度,

全体员工都应当熟知必要的消防安全知识,会报火警,会使用灭火器材,会组织人员疏散。新职工上岗前必须进行消防安全培训。

第二十一条　公共娱乐场所应当按照《建筑灭火器配置设计规范》配置灭火器材,设置报警电话,保证消防设施、设备完好有效。

第二十二条　对违反本规定的行为,依照《中华人民共和国消防法》和地方性消防法规、规章予以处罚;构成犯罪的,依法追究刑事责任。

第二十三条　本规定自发布之日起施行。1995年1月26日公安部发布的《公共娱乐场所消防安全管理规定》同时废止。

第五节　北京市人员密集场所安全生产五个规定

一、北京市餐饮经营单位安全生产规定

第一条　为了加强安全生产监督管理,提高餐饮经营单位安全生产水平,防止和减少生产安全事故,保障人民群众生命和财产安全,根据《中华人民共和国安全生产法》和《北京市安全生产条例》及有关法律、法规,制定本规定。

第二条　本市行政区域内建筑面积在500平方米以上的餐饮经营单位的安全生产,适用本规定;有关法律、法规、规章对消防安全、特种设备安全另有规定的,适用其规定。

第三条　安全生产管理,坚持安全第一、预防为主、综合治理的方针。

第四条　市和区、县商务行政主管部门对餐饮经营单位的安全生产工作实施行业监督管理;公安消防、质量技术监督等部门

分别对餐饮经营单位的消防安全、特种设备安全等实施专项监督管理；安全生产监督管理部门对餐饮经营单位的安全生产工作实施综合监督管理，指导、协调和监督政府有关部门履行安全生产监督管理职责。

行业协会协助政府有关部门指导会员单位做好安全生产工作，制定安全生产制度、规程，提供相关服务。

第五条 餐饮经营单位的主要负责人对本单位的安全生产工作全面负责。

第六条 餐饮经营单位应当遵守有关安全生产的法律、法规、规章，加强安全生产管理，建立、健全安全生产责任制度，完善安全生产条件，确保安全生产。

第七条 餐饮经营单位从业人员超过300人的，应当设置安全生产管理机构或者配备专职安全生产管理人员；从业人员在300人以下的，应当配备专职或者兼职的安全生产管理人员，或者委托具有国家规定的相关专业技术资格的工程技术人员提供安全生产管理服务。

第八条 餐饮经营单位应当对从业人员进行安全生产教育和培训。未经安全生产教育和培训合格的从业人员，不得上岗作业。

餐饮经营单位应当对安全生产教育和培训的情况进行记录，记录至少保存2年。

第九条 餐饮经营单位的特种作业人员应当按照国家有关规定经专门的安全作业培训，取得特种作业操作资格证书，方可上岗作业。

第十条 餐饮经营单位应当建立安全生产例会制度，定期研究本单位安全生产工作；制定有效的安全生产措施，并对措施的落实情况进行检查。

第十一条 餐饮经营单位应当建立生产安全事故隐患排查制

度,对本单位容易发生事故的部位、设施,明确责任人员,制定并落实防范和应急措施。

第十二条 餐饮经营单位应当在每日营业开始前和结束后,对火源、气源、电源等部位进行全面安全检查。检查应当做好记录。

第十三条 餐饮经营单位的变配电室总额定容量在630千伏安以上且电压等级为10千伏的,应当安排专人24小时值班。值班应当做好记录。

变配电室不得存放危险物品和杂物。

第十四条 变配电室应当配备用电设备和配电线路平面分布图等安全技术资料,以及必要的作业工具和劳动防护用品,并在明显位置设置变配电系统操作模拟图板。

变配电室的门、窗、电缆沟应当设置防水设施和挡鼠板。

第十五条 餐饮经营单位设置的电源线路应当符合国家标准或者行业标准;临时用电线路应当采取有效防护措施;电气设备应当安装漏电和过载保护装置。

第十六条 餐饮经营单位应当保证安全出口的畅通;不得封闭、堵塞安全出口;安全出口处不得设置门槛。

疏散门应当向疏散方向开启,不得采用卷帘门、转门、吊门、侧拉门。门内和门外1.4米范围内不得设置踏步。

第十七条 营业区域内的安全出口数目、安全疏散距离、疏散门和疏散通道的宽度应当符合国家标准或者行业标准。

第十八条 营业区域内的安全出口和疏散通道及其转角处应当设置发光疏散指示标志。指示标志应当能够在断电且无自然光照明时,指引疏散位置和疏散方向。

指示标志应当设置在安全出口的顶部和疏散通道及其转角处距地面高度1米以下的墙面上;设置在疏散通道上的指示标志的间距不得大于10米。

第六章　人员密集场所安全管理的有关规定

第十九条　营业区域内的安全出口、疏散通道和重点部位应当设置应急照明灯。应急照明灯的连续照明时间不得少于 20 分钟，其地面最低照度不得低于 0.5 勒克斯。

第二十条　营业区域内落地式的玻璃门、玻璃窗、玻璃墙应当设置安全警示标志。

安全警示标志应当明显，保持完好，便于公众识别。

第二十一条　餐饮经营单位在营业区域内进行装修、维修、改造等施工且不停止营业的，应当与施工单位签订专门的安全生产管理协议，明确安全责任；施工区域应当与其他营业区域相隔离，并采取安全措施，确保安全。

第二十二条　餐饮经营单位将经营场所出租给其他生产经营单位的，应当与承租单位签订安全生产管理协议，明确各自的安全生产管理职责。

餐饮经营单位对各承租单位的安全生产工作统一协调、管理。

第二十三条　营业区域内实际容纳的消费者人数不得超过最大容纳人数。最大容纳人数按照营业区域面积计算，人均不得小于 1.4 平方米。

第二十四条　当接近最大容纳人数或者人员相对聚集时，餐饮经营单位应当采取有效的控制和疏散措施，确保安全。

第二十五条　餐饮经营单位操作间的集烟罩和烟道入口处 1 米范围内，应当每日进行清洗。中餐操作间的排油烟管道应当每 60 日至少清理 1 次，清理应当做好记录。

第二十六条　餐饮经营单位使用、储存的危险物品，应当单独存放，专人管理。

第二十七条　餐饮经营单位不得为消费者提供标定重量超过 5 千克的液化石油气瓶作为用餐火源；服务人员应当安全使用液化石油气瓶。

操作间使用液化石油气的，灶具与气瓶之间的净距离不得小于0.5米，灶具与气瓶连接的软管长度不得超过2米。软管应当经常检查，定期更换。

第二十八条 餐饮经营单位使用和备用的液化石油气瓶标定总重量超过100千克或者气瓶总数超过30瓶的，应当按照有关规定设置气瓶间。

高层建筑内的餐饮经营单位不得使用瓶装液化石油气。

第二十九条 营业区域设置在地下的餐饮经营单位，应当遵守下列规定：

（一）不得设置在地下2层以下；

（二）不得使用液化石油气，不得储存危险物品；

（三）疏散通道长度超过40米或者超过20米且无自然通风的，应当安装机械排烟设施。

第三十条 餐饮经营单位应当制定生产安全事故应急救援预案。应急救援预案应当包括应急救援组织、危险目标、启动程序、紧急处置措施等内容。

应急救援预案应当每半年至少演练1次，并做好记录。

第三十一条 餐饮经营单位的有关负责人应当掌握应急救援预案的全部内容；其他人员应当能够熟练使用消防器材，了解安全出口和疏散通道的位置以及本岗位的应急救援职责。

第三十二条 餐饮经营单位应当设置能够覆盖全部营业区域的应急广播，并能够使用中英文两种语言播放。

第三十三条 餐饮经营单位发生生产安全事故后，应当迅速启动应急救援预案，采取有效措施，组织人员疏散，防止事故扩大，并按照国家和本市有关规定及时、如实报告公安、安全生产监督管理、商务等有关部门。

第三十四条 安全生产监督管理部门发现餐饮经营单位存在安全生产问题，属于行业监督管理或者专项监督管理职责的，应当及时以书面形式督促有关部门处理。

第三十五条 餐饮经营单位违反本规定,有下列情形之一的,由商务行政主管部门责令改正,并按照下列规定给予行政处罚:

(一)未建立安全生产例会制度或者未制定安全生产措施的,处 5000 元以上 1 万元以下罚款;

(二)未建立生产安全事故隐患排查制度的,处 5000 元以上 2 万元以下罚款;

(三)未按时清理排油烟管道的,处 5000 元以上 3 万元以下罚款;

(四)未设置能够覆盖全部营业区域的应急广播或者不能使用中英文两种语言播放的,处 5000 元以上 2 万元以下罚款。

第三十六条 违反本规定,按照安全生产、消防、特种设备安全等法律、法规、规章的规定应当给予行政处罚的,由有关部门依法处罚。

第三十七条 本规定自 2007 年 4 月 1 日起施行。

二、北京市商业零售经营单位安全生产规定

第一条 为了加强安全生产监督管理,提高商业零售经营单位安全生产水平,防止和减少生产安全事故,保障人民群众生命和财产安全,根据《中华人民共和国安全生产法》和《北京市安全生产条例》及有关法律、法规,制定本规定。

第二条 本市行政区域内建筑面积在 1000 平方米以上或者地下建筑面积在 500 平方米以上的商业零售经营单位的安全生产,适用本规定;有关法律、法规、规章对消防安全、特种设备安全另有规定的,适用其规定。

本规定所称的商业零售经营单位包括百货店、购物中心、超市、仓储式会员店、家居建材店、专业店、专卖店、折扣店等零

售店铺。

第三条 安全生产管理，坚持安全第一、预防为主、综合治理的方针。

第四条 市和区、县商务行政主管部门对商业零售经营单位的安全生产工作实施行业监督管理；公安消防、质量技术监督等部门分别对商业零售经营单位的消防安全、特种设备安全等实施专项监督管理；安全生产监督管理部门对商业零售经营单位的安全生产工作实施综合监督管理，指导、协调和监督政府有关部门履行安全生产监督管理职责。

行业协会协助政府有关部门指导会员单位做好安全生产工作，制定安全生产制度、规程，提供相关服务。

第五条 商业零售经营单位的主要负责人对本单位的安全生产工作全面负责。

第六条 商业零售经营单位应当遵守有关安全生产的法律、法规、规章，加强安全生产管理，建立、健全安全生产责任制度，完善安全生产条件，确保安全生产。

第七条 商业零售经营单位从业人员超过300人的，应当设置安全生产管理机构或者配备专职安全生产管理人员；从业人员在300人以下的，应当配备专职或者兼职的安全生产管理人员，或者委托具有国家规定的相关专业技术资格的工程技术人员提供安全生产管理服务。

前款所称从业人员包括本单位的职工和在本单位内从事生产经营活动的其他人员。

第八条 商业零售经营单位应当对从业人员进行安全生产教育和培训。未经安全生产教育和培训合格的从业人员，不得上岗作业。

商业零售经营单位应当对安全生产教育和培训的情况进行记录，记录至少保存2年。

第六章 人员密集场所安全管理的有关规定

第九条 商业零售经营单位的特种作业人员应当按照国家有关规定经专门的安全作业培训，取得特种作业操作资格证书，方可上岗作业。

第十条 商业零售经营单位应当建立安全生产例会制度，定期研究本单位安全生产工作；制定有效的安全生产措施，并对措施的落实情况进行检查。

第十一条 商业零售经营单位应当建立生产安全事故隐患排查制度，对本单位容易发生事故的部位、设施，明确责任人员，制定并落实防范和应急措施。

第十二条 商业零售经营单位应当在每日营业开始前和结束后，对营业区域进行全面安全检查；营业期间每2小时至少进行1次安全巡查。检查和巡查应当做好记录。

第十三条 商业零售经营单位的变配电室总额定容量在630千伏安以上且电压等级为10千伏的，应当安排专人24小时值班。值班应当做好记录。

变配电室不得存放危险物品和杂物。

第十四条 变配电室应当配备用电设备和配电线路平面分布图等安全技术资料，以及必要的作业工具和劳动防护用品，并在明显位置设置变配电系统操作模拟图板。

变配电室的门、窗、电缆沟应当设置防水设施和挡鼠板。

第十五条 商业零售经营单位设置的电源线路应当符合国家标准或者行业标准；临时用电线路应当采取有效防护措施；电气设备应当安装漏电和过载保护装置。

第十六条 商业零售经营单位应当保证安全出口的畅通；不得封闭、堵塞安全出口；安全出口处不得设置门槛。

疏散门应当向疏散方向开启，不得采用卷帘门、转门、吊门、侧拉门。门内和门外1.4米范围内不得设置踏步。

第十七条 营业区域内的安全出口数目、安全疏散距离、疏散门和疏散通道的宽度应当符合国家标准或者行业标准。

第十八条 营业区域内的安全出口和疏散通道及其转角处应当设置发光疏散指示标志。指示标志应当能够在断电且无自然光照明时,指引疏散位置和疏散方向。

指示标志应当设置在安全出口的顶部和疏散通道及其转角处距地面高度1米以下的墙面上;设置在疏散通道上的指示标志的间距不得大于10米。

第十九条 营业区域内的安全出口、疏散通道和重点部位应当设置应急照明灯。应急照明灯的连续照明时间不得少于20分钟,其地面最低照度不得低于0.5勒克斯。

第二十条 营业区域内应当设置主要疏散通道和辅助疏散通道。主要疏散通道应当直接通向安全出口,其宽度不得小于2.4米;辅助疏散通道的宽度不得小于1.5米。疏散通道内不得设置摊位或者堆放货物。

第二十一条 设有集中收银区的超市等商业零售经营单位应当在收银区设置无购物出口,其宽度不得小于1.5米,并设置明显标志。

收银区的宽度在20米以下的,应当至少设置1个无购物出口;宽度超过20米的,每增加20米,至少增加1个无购物出口,增加的宽度不足20米的,按照增加20米计算。

营业区域内的购物筐和购物车应当及时清理。

第二十二条 营业区域内落地式的玻璃门、玻璃窗、玻璃墙应当设置安全警示标志。

安全警示标志应当明显,保持完好,便于公众识别。

第二十三条 商业零售经营单位在营业区域内进行装修、维修、改造等施工且不停止营业的,应当与施工单位签订专门的安全生产管理协议,明确安全责任;施工区域应当与其他营业区域相隔离,并采取安全措施,确保安全。

第六章 人员密集场所安全管理的有关规定

第二十四条 商业零售经营单位将经营场所出租的，应当与承租单位签订安全生产管理协议，明确各自的安全生产管理职责。

商业零售经营单位对各承租单位的安全生产工作统一协调、管理。

第二十五条 商业零售经营单位的库房不得设置移动式照明灯具，不得使用碘钨灯、超过60瓦的白炽灯等高温照明灯具。灯具与货物的间距不得小于0.5米。日光灯的镇流器应当采取隔热、散热等防火措施。电气设备应当符合防爆要求。

危险物品应当单独存放，专人管理。

第二十六条 营业区域内实际容纳的消费者人数不得超过最大容纳人数。

最大容纳人数按照营业区域的公共面积计算，超市人均不得小于0.8平方米，其他商业零售经营单位人均不得小于0.6平方米。

营业区域的公共面积占营业区域总面积的比例，超市不得小于35%，其他商业零售经营单位不得小于40%。

第二十七条 当接近最大容纳人数或者人员相对聚集时，商业零售经营单位应当采取有效的控制和疏散措施，确保安全。

第二十八条 商业零售经营单位在店内举办促销活动的，应当制定突发事件应急救援预案。

活动举办期间，应当落实各项安全措施，配备足够的专职安全工作人员维护现场秩序；建筑面积在1万平方米以上的商业零售经营单位，应当至少配备50名专职安全工作人员。

第二十九条 营业区域不得设置在地下3层以下。不得在地下营业区域经营或者储存危险物品。

第三十条 商业零售经营单位应当制定生产安全事故应急救援预案。应急救援预案应当包括应急救援组织、危险目标、启动程序、紧急处置措施等内容。

应急救援预案应当每半年至少演练1次，并做好记录。

第三十一条 商业零售经营单位的有关负责人应当掌握应急救援预案的全部内容；其他人员应当能够熟练使用应急器材，了解安全出口和疏散通道的位置以及本岗位的应急救援职责。

第三十二条 商业零售经营单位应当设置能够覆盖全部营业区域的应急广播，并能够使用中英文两种语言播放。

第三十三条 商业零售经营单位发生生产安全事故后，应当迅速启动应急救援预案，采取有效措施，组织人员疏散，防止事故扩大，并按照国家和本市有关规定及时、如实报告公安、安全生产监督管理、商务等有关部门。

第三十四条 安全生产监督管理部门发现商业零售经营单位存在安全生产问题，属于行业监督管理或者专项监督管理职责的，应当及时以书面形式督促有关部门处理。

第三十五条 商业零售经营单位违反本规定，有下列情形之一的，由商务行政主管部门责令改正，并按照下列规定给予行政处罚：

（一）未建立安全生产例会制度或者未制定安全生产措施的，处5 000元以上1万元以下罚款；

（二）未建立生产安全事故隐患排查制度的，处5 000元以上2万元以下罚款；

（三）未设置无购物出口或者无购物出口的宽度、数目不符合要求的，处5 000元以上3万元以下罚款；

（四）未设置能够覆盖全部营业区域的应急广播或者不能使用中英文两种语言播放的，处5 000元以上2万元以下罚款。

第三十六条 违反本规定，按照安全生产、消防、特种设备安全等法律、法规、规章的规定应当给予行政处罚的，由有关部门依法处罚。

第三十七条 本规定自2007年4月1日起施行。

三、北京市文化娱乐场所经营单位安全生产规定

第一条 为了加强安全生产监督管理,提高文化娱乐场所经营单位安全生产水平,防止和减少生产安全事故,保障人民群众生命和财产安全,根据《中华人民共和国安全生产法》和《北京市安全生产条例》及有关法律、法规,制定本规定。

第二条 本市行政区域内文化娱乐场所经营单位的安全生产,适用本规定;有关法律、法规、规章对消防安全、特种设备安全另有规定的,适用其规定。

本规定所称的文化娱乐场所经营单位包括依法设立的电影放映单位、互联网上网服务营业场所经营单位、演出场所经营单位、娱乐场所经营单位。

第三条 安全生产管理,坚持安全第一、预防为主、综合治理的方针。

第四条 市和区、县文化行政主管部门对文化娱乐场所经营单位的安全生产工作实施行业监督管理;公安消防、质量技术监督等部门分别对文化娱乐场所经营单位的消防安全、特种设备安全等实施专项监督管理;安全生产监督管理部门对文化娱乐场所经营单位的安全生产工作实施综合监督管理,指导、协调和监督政府有关部门履行安全生产监督管理职责。

行业协会协助政府有关部门指导会员单位做好安全生产工作,制定安全生产制度、规程,提供相关服务。

第五条 文化娱乐场所经营单位的主要负责人对本单位的安全生产工作全面负责。

第六条 文化娱乐场所经营单位应当遵守有关安全生产的法律、法规、规章,加强安全生产管理,建立、健全安全生产责任制度,完善安全生产条件,确保安全生产。

第七条 文化娱乐场所经营单位从业人员超过300人的,应

当设置安全生产管理机构或者配备专职安全生产管理人员;从业人员在 300 人以下的,应当配备专职或者兼职的安全生产管理人员,或者委托具有国家规定的相关专业技术资格的工程技术人员提供安全生产管理服务。

第八条 文化娱乐场所经营单位应当对从业人员进行安全生产教育和培训。未经安全生产教育和培训合格的从业人员,不得上岗作业。

文化娱乐场所经营单位应当对安全生产教育和培训的情况进行记录,记录至少保存 2 年。

第九条 文化娱乐场所经营单位的特种作业人员应当按照国家有关规定经专门的安全作业培训,取得特种作业操作资格证书,方可上岗作业。

第十条 文化娱乐场所经营单位应当建立安全生产例会制度,定期研究本单位安全生产工作;制定有效的安全生产措施,并对措施的落实情况进行检查。

第十一条 文化娱乐场所经营单位应当建立生产安全事故隐患排查制度,对本单位容易发生事故的部位、设施,明确责任人员,制定并落实防范和应急措施。

第十二条 电影放映单位、演出场所经营单位应当在每日营业开始前和结束后以及各场次之间,对营业区域进行全面安全检查;其他文化娱乐场所经营单位应当在每日营业开始前和结束后对营业区域进行全面检查,营业期间每 2 小时至少进行 1 次安全巡查。检查和巡查应当做好记录。

第十三条 文化娱乐场所经营单位的变配电室总额定容量在 630 千伏安以上且电压等级为 10 千伏的,应当安排专人 24 小时值班。值班应当做好记录。

变配电室不得存放危险物品和杂物。

第十四条 变配电室应当配备用电设备和配电线路平面分布

第六章 人员密集场所安全管理的有关规定

图等安全技术资料，以及必要的作业工具和劳动防护用品，并在明显位置设置变配电系统操作模拟图板。

变配电室的门、窗、电缆沟应当设置防水设施和挡鼠板。

第十五条 文化娱乐场所经营单位设置的电源线路应当符合国家标准或者行业标准；临时用电线路应当采取有效防护措施；电气设备应当安装漏电和过载保护装置。

第十六条 文化娱乐场所经营单位应当保证安全出口的畅通；不得封闭、堵塞安全出口；安全出口处不得设置门槛。

疏散门应当向疏散方向开启，不得采用卷帘门、转门、吊门、侧拉门。门内和门外 1.4 米范围内不得设置踏步。

第十七条 营业区域内的安全出口数目、安全疏散距离、疏散门和疏散通道的宽度应当符合国家标准或者行业标准。

第十八条 营业区域内的安全出口和疏散通道及其转角处应当设置发光疏散指示标志。指示标志应当能够在断电且无自然光照明时，指引疏散位置和疏散方向。

指示标志应当设置在安全出口的顶部和疏散通道及其转角处距地面高度 1 米以下的墙面上；设置在疏散通道上的指示标志的间距不得大于 10 米。

第十九条 营业区域内的安全出口、疏散通道和重点部位应当设置应急照明灯。应急照明灯的连续照明时间不得少于 20 分钟，其地面最低照度不得低于 0.5 勒克斯。

第二十条 营业区域内落地式的玻璃门、玻璃窗、玻璃墙应当设置安全警示标志。

安全警示标志应当明显，保持完好，便于公众识别。

舞台幕布、银幕、窗帘等应当采用经过防火处理的材料。

第二十一条 文化娱乐场所经营单位在营业区域内进行装修、维修、改造等施工且不停止营业的，应当与施工单位签订专门的安全生产管理协议，明确安全责任；施工区域应当与其他营业区域相隔离，并采取安全措施，确保安全。

第二十二条 文化娱乐场所经营单位将经营场所出租的，应当与承租单位签订安全生产管理协议，明确各自的安全生产管理职责。

文化娱乐场所经营单位对各承租单位的安全生产工作统一协调、管理。

第二十三条 歌舞娱乐场所的出入口、主要通道应当安装闭路电视监控设备，并保证闭路电视监控设备在营业期间正常运行，不得中断。

歌舞娱乐场所应当将闭路电视监控录像资料留存30日备查，不得删改或者挪作他用。

第二十四条 娱乐场所实际容纳的消费者人数不得超过核定人数。

歌舞娱乐场所的核定人数按照营业区域面积计算，平均每人不得小于1.5平方米。核定人数在500人以上的歌舞娱乐场所，应当安装人员流量统计装置。

电影放映单位、演出场所经营单位等有固定座位的区域，不得增设临时座位。

第二十五条 当接近核定人数或者人员相对聚集时，文化娱乐场所经营单位应当采取有效的控制和疏散措施，确保安全。

第二十六条 文化娱乐场所与商场等单位设在同一建筑物内的，文化娱乐场所经营单位应当保证通往建筑物外的疏散通道畅通，并在商场等单位营业结束后安排工作人员指引人群疏散。

第二十七条 互联网上网服务营业场所应当采取有效措施，确保在发生危险时，能够在终端机显示器上以视频形式予以提示。

歌舞娱乐场所应当设置报警系统，并在包间、包厢的视频设备上设置开机安全提示语。

第六章 人员密集场所安全管理的有关规定

第二十八条 文化娱乐场所经营单位应当制定生产安全事故应急救援预案。应急救援预案应当包括应急救援组织、危险目标、启动程序、紧急处置措施等内容。

应急救援预案应当每半年至少演练1次,并做好记录。

第二十九条 文化娱乐场所经营单位的有关负责人应当掌握应急救援预案的全部内容;其他人员应当能够熟练使用消防器材,了解安全出口和疏散通道的位置以及本岗位的应急救援职责。

第三十条 文化娱乐场所经营单位应当设置能够覆盖全部营业区域的应急广播,并能够使用中英文两种语言播放。

第三十一条 文化娱乐场所经营单位发生生产安全事故后,应当迅速启动应急救援预案,采取有效措施,组织人员疏散,防止事故扩大,并按照国家和本市有关规定及时、如实报告公安、安全生产监督管理、文化等有关部门。

第三十二条 安全生产监督管理部门发现文化娱乐场所经营单位存在安全生产问题,属于行业监督管理或者专项监督管理职责的,应当及时以书面形式督促有关部门处理。

第三十三条 文化娱乐场所经营单位违反本规定,有下列情形之一的,由文化行政主管部门责令改正,并按照下列规定给予行政处罚:

(一)未建立安全生产例会制度或者未制定安全生产措施的,处5 000元以上1万元以下罚款;

(二)未建立生产安全事故隐患排查制度的,处5 000元以上2万元以下罚款;

(三)未设置能够覆盖全部营业区域的应急广播或者不能使用中英文两种语言播放的,处5 000元以上2万元以下罚款;

(四)歌舞娱乐场所容纳的消费者人数超过核定人数的,按照《娱乐场所管理条例》第四十七条规定执行。

第三十四条 违反本规定，按照安全生产、消防、特种设备安全等法律、法规、规章的规定应当给予行政处罚的，由有关部门依法处罚。

第三十五条 本规定自2007年4月1日起施行。

四、北京市星级饭店安全生产规定

第一条 为了加强安全生产监督管理，提高星级饭店安全生产水平，防止和减少生产安全事故，保障人民群众生命和财产安全，根据《中华人民共和国安全生产法》和《北京市安全生产条例》及有关法律、法规，制定本规定。

第二条 本市行政区域内星级饭店的安全生产，适用本规定；有关法律、法规、规章对消防安全、特种设备安全另有规定的，适用其规定。

本规定所称星级饭店是指一星级以上的宾馆、饭店、度假村等经营单位。

第三条 安全生产管理，坚持安全第一、预防为主、综合治理的方针。

第四条 市和区、县旅游行政管理部门对星级饭店的安全生产工作实施行业监督管理；公安消防、质量技术监督等部门分别对星级饭店的消防安全、特种设备安全等实施专项监督管理；安全生产监督管理部门对星级饭店的安全生产工作实施综合监督管理，指导、协调和监督政府有关部门履行安全生产监督管理职责。

行业协会协助政府有关部门指导会员单位做好安全生产工作，制定安全生产制度、规程，提供相关服务。

第五条 星级饭店的主要负责人对本单位的安全生产工作全面负责。

第六条 星级饭店应当遵守有关安全生产的法律、法规、规

第六章 人员密集场所安全管理的有关规定

章,加强安全生产管理,建立、健全安全生产责任制度,完善安全生产条件,确保安全生产。

第七条 星级饭店从业人员超过 300 人的,应当设置安全生产管理机构或者配备专职安全生产管理人员;从业人员在 300 人以下的,应当配备专职或者兼职的安全生产管理人员,或者委托具有国家规定的相关专业技术资格的工程技术人员提供安全生产管理服务。

第八条 星级饭店应当对从业人员进行安全生产教育和培训。未经安全生产教育和培训合格的从业人员,不得上岗作业。

星级饭店应当对教育和培训的情况进行记录,记录至少保存 2 年。

第九条 星级饭店的特种作业人员应当按照国家有关规定经专门的安全作业培训,取得特种作业操作资格证书,方可上岗作业。

第十条 星级饭店应当建立安全生产例会制度,定期研究本单位安全生产工作;制定有效的安全生产措施,并对措施的落实情况进行检查。

第十一条 星级饭店应当建立生产安全事故隐患排查制度,对本单位容易发生事故的部位、设施,明确责任人员,制定并落实防范和应急措施。

第十二条 星级饭店应当每 2 小时至少对营业区域进行 1 次安全巡查。巡查应当做好记录。

第十三条 星级饭店的变配电室总额定容量在 630 千伏安以上且电压等级为 10 千伏的,应当安排专人 24 小时值班。值班应当做好记录。

变配电室不得存放危险物品和杂物。

第十四条 变配电室应当配备用电设备和配电线路平面分布图等安全技术资料,以及必要的作业工具和劳动防护用品,并在明显位置设置变配电系统操作模拟图板。

变配电室的门、窗、电缆沟应当设置防水设施和挡鼠板。

第十五条 星级饭店设置的电源线路应当符合国家标准或者行业标准;临时用电线路应当采取有效防护措施;电气设备应当安装漏电和过载保护装置。

第十六条 星级饭店应当保证安全出口的畅通;不得封闭、堵塞安全出口;安全出口处不得设置门槛。

疏散门应当向疏散方向开启,不得采用卷帘门、转门、吊门、侧拉门。门内和门外1.4米范围内不得设置踏步。

第十七条 营业区域内的安全出口数目、安全疏散距离、疏散门和疏散通道的宽度应当符合国家标准或者行业标准。

第十八条 营业区域内的安全出口和疏散通道及其转角处应当设置发光疏散指示标志。指示标志应当能够在断电且无自然光照明时,指引疏散位置和疏散方向。

指示标志应当设置在安全出口的顶部和疏散通道及其转角处距地面高度1米以下的墙面上;设置在疏散通道上的指示标志的间距不得大于10米。

第十九条 营业区域内的安全出口、疏散通道和重点部位应当设置应急照明灯。应急照明灯的连续照明时间不得少于20分钟,其地面最低照度不得低于0.5勒克斯。

第二十条 星级饭店应当在客房、会议室等经营场所的显著位置设置中英文对照的逃生疏散指示图;在客房内设置安全须知等安全提示标志或者资料。

营业区域内落地式的玻璃门、玻璃窗、玻璃墙应当设置安全警示标志。

安全警示标志应当明显,保持完好,便于公众识别。

第二十一条 星级饭店在营业区域内进行装修、维修、改造等施工且不停止营业的,应当与施工单位签订专门的安全生产管理协议,明确安全责任;施工区域应当与其他营业区域相隔离,并采取安全措施,确保安全。

第二十二条 星级饭店将经营场所出租的,应当与承租单位签订安全生产管理协议,明确各自的安全生产管理职责。

星级饭店对各承租单位的安全生产工作统一协调、管理。

第二十三条 星级饭店使用、储存的危险物品,应当单独存放,专人管理。

第二十四条 星级饭店应当制定生产安全事故应急救援预案。应急救援预案应当包括应急救援组织、危险目标、启动程序、紧急处置措施等内容。

应急救援预案应当每半年至少演练1次,并做好记录。

第二十五条 星级饭店的有关负责人应当掌握应急救援预案的全部内容;其他人员应当能够熟练使用消防器材,了解安全出口和疏散通道的位置以及本岗位的应急救援职责。

第二十六条 星级饭店应当设置能够覆盖全部营业区域的应急广播,并能够使用中英文两种语言播放。

第二十七条 星级饭店发生生产安全事故后,应当迅速启动应急救援预案,采取有效措施,组织人员疏散,防止事故扩大,并按照国家和本市有关规定及时、如实报告公安、安全生产监督管理、旅游等有关部门。

第二十八条 安全生产监督管理部门发现星级饭店存在安全生产问题,属于行业监督管理或者专项监督管理职责的,应当及时以书面形式督促有关部门处理。

第二十九条 星级饭店违反本规定,有下列情形之一的,由旅游行政管理部门责令改正,并按照下列规定给予行政处罚:

(一) 未建立安全生产例会制度或者未制定安全生产措施的,处5 000元以上1万元以下罚款;

(二) 未建立生产安全事故隐患排查制度的,处5 000元以

上2万元以下罚款;

(三)未设置逃生疏散指示图或者安全须知等安全提示标志或者资料的,处5 000元以上3万元以下罚款;

(四)未设置能够覆盖全部营业区域的应急广播或者不能使用中英文两种语言播放的,处5 000元以上2万元以下罚款。

第三十条 违反本规定,按照安全生产、消防、特种设备安全等法律、法规、规章的规定应当给予行政处罚的,由有关部门依法处罚。

第三十一条 本规定自2007年4月1日起施行。

五、北京市体育运动项目经营单位安全生产规定

第一条 为了加强安全生产监督管理,提高体育运动项目经营单位安全生产水平,防止和减少生产安全事故,保障人民群众生命和财产安全,根据《中华人民共和国安全生产法》和《北京市安全生产条例》及有关法律、法规,制定本规定。

第二条 本市行政区域内体育运动项目经营单位的安全生产,适用本规定;有关法律、法规、规章对消防安全、特种设备安全另有规定的,适用其规定。

本规定所称体育运动项目是指国家体育行政主管部门正式公布的体育运动项目。

第三条 安全生产管理,坚持安全第一、预防为主、综合治理的方针。

第四条 市和区、县体育行政主管部门对体育运动项目经营单位的安全生产工作实施行业监督管理;公安消防、质量技术监督等部门分别对体育运动项目经营单位的消防安全、特种设备安全等实施专项监督管理;安全生产监督管理部门对体育运动项目经营单位的安全生产工作实施综合监督管理,指导、协调和监督政府有关部门履行安全生产监督管理职责。

第六章 人员密集场所安全管理的有关规定

行业协会协助政府有关部门指导会员单位做好安全生产工作，制定安全生产制度、规程，提供相关服务。

第五条 体育运动项目经营单位的主要负责人对本单位的安全生产工作全面负责。

第六条 体育运动项目经营单位应当遵守有关安全生产的法律、法规、规章，加强安全生产管理，建立、健全安全生产责任制度，完善安全生产条件，确保安全生产。

第七条 体育运动项目经营单位从业人员超过300人的，应当设置安全生产管理机构或者配备专职安全生产管理人员；从业人员在300人以下的，应当配备专职或者兼职的安全生产管理人员，或者委托具有国家规定的相关专业技术资格的工程技术人员提供安全生产管理服务。

第八条 体育运动项目经营单位应当对从业人员进行安全生产教育和培训。未经安全生产教育和培训合格的从业人员，不得上岗作业。

体育运动项目经营单位应当对安全生产教育和培训的情况进行记录，记录至少保存2年。

第九条 体育运动项目经营单位的特种作业人员应当按照国家有关规定经专门的安全作业培训，取得特种作业操作资格证书，方可上岗作业。

第十条 体育运动项目经营单位应当建立安全生产例会制度，定期研究本单位安全生产工作；制定有效的安全生产措施，并对措施的落实情况进行检查。

第十一条 体育运动项目经营单位应当建立生产安全事故隐患排查制度，对本单位容易发生事故的部位、设施，明确责任人员，制定并落实防范和应急措施。

第十二条 体育运动项目经营单位应当在每日营业开始前和结束后，对营业区域进行全面安全检查；营业期间每2小时至少进行1次安全巡查。检查和巡查应当做好记录。

第十三条 体育运动项目经营单位的变配电室总额定容量在630千伏安以上且电压等级为10千伏的,应当安排专人24小时值班。值班应当做好记录。

变配电室不得存放危险物品和杂物。

第十四条 变配电室应当配备用电设备和配电线路平面分布图等安全技术资料,以及必要的作业工具和劳动防护用品,并在明显位置设置变配电系统操作模拟图板。

变配电室的门、窗、电缆沟应当设置防水设施和挡鼠板。

第十五条 体育运动项目经营单位设置的电源线路应当符合国家标准或者行业标准;临时用电线路应当采取有效防护措施;电气设备应当安装漏电和过载保护装置。

第十六条 体育运动项目经营单位应当保证安全出口的畅通;不得封闭、堵塞安全出口;安全出口处不得设置门槛。

疏散门应当向疏散方向开启,不得采用卷帘门、转门、吊门、侧拉门。门内和门外1.4米范围内不得设置踏步。

第十七条 营业区域内的安全出口数目、安全疏散距离、疏散门和疏散通道的宽度应当符合国家标准或者行业标准。

第十八条 营业区域内的安全出口和疏散通道及其转角处应当设置发光疏散指示标志。指示标志应当能够在断电且无自然光照明时,指引疏散位置和疏散方向。

指示标志应当设置在安全出口的顶部和疏散通道及其转角处距地面高度1米以下的墙面上;设置在疏散通道上的指示标志的间距不得大于10米。

第十九条 营业区域内的安全出口、疏散通道和重点部位应当设置应急照明灯。应急照明灯的连续照明时间不得少于20分钟,其地面最低照度不得低于0.5勒克斯。

第二十条 营业区域内落地式的玻璃门、玻璃窗、玻璃墙

第六章 人员密集场所安全管理的有关规定

应当设置安全警示标志。

安全警示标志应当明显，保持完好，便于公众识别。

第二十一条 体育运动项目经营单位在营业区域内进行装修、维修、改造等施工且不停止营业的，应当与施工单位签订专门的安全生产管理协议，明确安全责任；施工区域应当与其他营业区域相隔离，并采取安全措施，确保安全。

第二十二条 体育运动项目经营单位将经营场所出租的，应当与承租单位签订安全生产管理协议，明确各自的安全生产管理职责。

体育运动项目经营单位对各承租单位的安全生产工作统一协调、管理。

第二十三条 营业区域内实际容纳的消费者人数不得超过最大容纳人数。

最大容纳人数按照下列规定计算：

（一）滑雪、滑板项目人均运动面积，不得小于 20 平方米；滑冰、轮滑项目人均运动面积，不得小于 5 平方米；

（二）人工游泳池的人均游泳面积，不得小于 2.5 平方米；天然游泳场的人均游泳面积，不得小于 4 平方米；

（三）其它室内运动项目人均运动面积，不得小于 4 平方米。

第二十四条 当接近最大容纳人数或者人员相对聚集时，体育运动项目经营单位应当采取有效的控制和疏散措施，确保安全。

第二十五条 国家实行强制性体育服务标准的体育运动项目经营单位，应当配备持有相应运动项目执业证书的从业人员，方可对社会提供服务。

第二十六条 人工游泳池水面面积在 250 平方米以下的，应当至少配备 2 名专职水上救生员；水面面积超过 250 平方米的，每增加 250 平方米，至少增加 1 名专职水上救生员，增加的面积不足250平方米的，按照增加250平方米计算。

天然游泳场水面面积在360平方米以下的，应当至少配备1名专职水上救生员；水面面积超过360平方米的，每增加360平方米，至少增加1名专职水上救生员，增加的面积不足360平方米的，按照增加360平方米计算。

救生员应当持证上岗，并佩带明显标识。

第二十七条 体育运动项目经营单位应当为消费者提供合格的设施、器材。国家实行强制性体育服务标准的体育运动项目的设施、器材，应当符合国家标准或者行业标准，并在显著位置设置相应的使用说明和警示标志。

第二十八条 体育运动项目经营单位使用、储存的危险物品，应当单独存放，专人管理。

第二十九条 体育运动项目经营单位应当制定本单位的生产安全事故应急救援预案。应急救援预案应当包括应急救援组织、主要危险目标、启动程序、紧急处置措施、应急设备器材等内容。

应急救援预案应当每半年至少演练1次，并做好记录。

第三十条 体育运动项目经营单位的有关负责人应当掌握应急救援预案的全部内容；其他人员应当能够熟练使用消防器材，了解安全出口和疏散通道的位置以及本岗位的应急救援职责。

第三十一条 体育运动项目经营单位应当设置能够覆盖全部营业区域的应急广播，并能够使用中英文两种语言播放。

第三十二条 体育运动项目经营单位发生生产安全事故后，应当迅速启动应急救援预案，采取有效措施，组织人员疏散，防止事故扩大，并按照国家和本市有关规定及时、如实报告公安、安全生产监督管理、体育等有关部门。

第三十三条 安全生产监督管理部门发现体育运动项目经营单位存在安全生产问题，属于行业监督管理或者专项监督管理职责的,应当及时以书面形式督促有关部门处理。

第三十四条 体育运动项目经营单位违反本规定,有下列情形之一的,由体育行政主管部门责令改正,并按照下列规定给予行政处罚:

(一)未建立安全生产例会制度或者未制定安全生产措施的,处 5000 元以上 1 万元以下罚款;

(二)未建立生产安全事故隐患排查制度的,处 5000 元以上 2 万元以下罚款;

(三)未配备持有相应运动项目执业证书的从业人员或者专职水上救生员的,处 5000 元以上 3 万元以下罚款;

(四)未设置能够覆盖全部营业区域的应急广播或者不能使用中英文两种语言播放的,处 5000 元以上 2 万元以下罚款。

第三十五条 违反本规定,按照安全生产、消防、特种设备安全等法律、法规、规章的规定应当给予行政处罚的,由有关部门依法处罚。

第三十六条 本规定自 2007 年 4 月 1 日起施行。

第六节 大型群众性活动安全管理条例

中华人民共和国国务院令

第 505 号

《大型群众性活动安全管理条例》已经 2007 年 8 月 29 日国务院第 190 次常务会议通过,现予公布,自 2007 年 10 月 1 日起施行。

总理 温家宝

二〇〇七年九月十四日

大型群众性活动安全管理条例

第一章 总 则

第一条 为了加强对大型群众性活动的安全管理,保护公民生命和财产安全,维护社会治安秩序和公共安全,制定本条例。

第二条 本条例所称大型群众性活动,是指法人或者其他组织面向社会公众举办的每场次预计参加人数达到1 000人以上的下列活动:

(一)体育比赛活动;
(二)演唱会、音乐会等文艺演出活动;
(三)展览、展销等活动;
(四)游园、灯会、庙会、花会、焰火晚会等活动;
(五)人才招聘会、现场开奖的彩票销售等活动。

影剧院、音乐厅、公园、娱乐场所等在其日常业务范围内举办的活动,不适用本条例的规定。

第三条 大型群众性活动的安全管理应当遵循安全第一、预防为主的方针,坚持承办者负责、政府监管的原则。

第四条 县级以上人民政府公安机关负责大型群众性活动的安全管理工作。

县级以上人民政府其他有关主管部门按照各自的职责,负责大型群众性活动的有关安全工作。

第二章 安全责任

第五条 大型群众性活动的承办者(以下简称承办者)对其承办活动的安全负责,承办者的主要负责人为大型群众性活动的安全责任人。

第六条 举办大型群众性活动,承办者应当制订大型群众性活动安全工作方案。

大型群众性活动安全工作方案包括下列内容:

(一) 活动的时间、地点、内容及组织方式;

(二) 安全工作人员的数量、任务分配和识别标志;

(三) 活动场所消防安全措施;

(四) 活动场所可容纳的人员数量以及活动预计参加人数;

(五) 治安缓冲区域的设定及其标识;

(六) 入场人员的票证查验和安全检查措施;

(七) 车辆停放、疏导措施;

(八) 现场秩序维护、人员疏导措施;

(九) 应急救援预案。

第七条 承办者具体负责下列安全事项:

(一) 落实大型群众性活动安全工作方案和安全责任制度,明确安全措施、安全工作人员岗位职责,开展大型群众性活动安全宣传教育;

(二) 保障临时搭建的设施、建筑物的安全,消除安全隐患;

(三) 按照负责许可的公安机关的要求,配备必要的安全检查设备,对参加大型群众性活动的人员进行安全检查,对拒不接受安全检查的,承办者有权拒绝其进入;

(四) 按照核准的活动场所容纳人员数量、划定的区域发放或者出售门票;

(五) 落实医疗救护、灭火、应急疏散等应急救援措施并组织演练;

(六) 对妨碍大型群众性活动安全的行为及时予以制止,发现违法犯罪行为及时向公安机关报告;

(七) 配备与大型群众性活动安全工作需要相适应的专业保安人员以及其他安全工作人员;

（八）为大型群众性活动的安全工作提供必要的保障。

第八条　大型群众性活动的场所管理者具体负责下列安全事项：

（一）保障活动场所、设施符合国家安全标准和安全规定；

（二）保障疏散通道、安全出口、消防车通道、应急广播、应急照明、疏散指示标志符合法律、法规、技术标准的规定；

（三）保障监控设备和消防设施、器材配置齐全、完好有效；

（四）提供必要的停车场地，并维护安全秩序。

第九条　参加大型群众性活动的人员应当遵守下列规定：

（一）遵守法律、法规和社会公德，不得妨碍社会治安、影响社会秩序；

（二）遵守大型群众性活动场所治安、消防等管理制度，接受安全检查，不得携带爆炸性、易燃性、放射性、毒害性、腐蚀性等危险物质或者非法携带枪支、弹药、管制器具；

（三）服从安全管理，不得展示侮辱性标语、条幅等物品，不得围攻裁判员、运动员或者其他工作人员，不得投掷杂物。

第十条　公安机关应当履行下列职责：

（一）审核承办者提交的大型群众性活动申请材料，实施安全许可；

（二）制订大型群众性活动安全监督方案和突发事件处置预案；

（三）指导对安全工作人员的教育培训；

（四）在大型群众性活动举办前，对活动场所组织安全检查，发现安全隐患及时责令改正；

（五）在大型群众性活动举办过程中，对安全工作的落实情况实施监督检查，发现安全隐患及时责令改正；

（六）依法查处大型群众性活动中的违法犯罪行为，处置危害公共安全的突发事件。

第三章 安全管理

第十一条 公安机关对大型群众性活动实行安全许可制度。《营业性演出管理条例》对演出活动的安全管理另有规定的,从其规定。

举办大型群众性活动应当符合下列条件:

(一)承办者是依照法定程序成立的法人或者其他组织;

(二)大型群众性活动的内容不得违反宪法、法律、法规的规定,不得违反社会公德;

(三)具有符合本条例规定的安全工作方案,安全责任明确、措施有效;

(四)活动场所、设施符合安全要求。

第十二条 大型群众性活动的预计参加人数在1 000人以上5 000人以下的,由活动所在地县级人民政府公安机关实施安全许可;预计参加人数在5 000人以上的,由活动所在地设区的市级人民政府公安机关或者直辖市人民政府公安机关实施安全许可;跨省、自治区、直辖市举办大型群众性活动的,由国务院公安部门实施安全许可。

第十三条 承办者应当在活动举办日的20日前提出安全许可申请,申请时,应当提交下列材料:

(一)承办者合法成立的证明以及安全责任人的身份证明;

(二)大型群众性活动方案及其说明,2个或者2个以上承办者共同承办大型群众性活动的,还应当提交联合承办的协议;

(三)大型群众性活动安全工作方案;

(四)活动场所管理者同意提供活动场所的证明。

依照法律、行政法规的规定,有关主管部门对大型群众性活动的承办者有资质、资格要求的,还应当提交有关资质、资格证明。

第十四条 公安机关收到申请材料应当依法做出受理或者不予受理的决定。对受理的申请，应当自受理之日起 7 日内进行审查，对活动场所进行查验，对符合安全条件的，做出许可的决定；对不符合安全条件的，做出不予许可的决定，并书面说明理由。

第十五条 对经安全许可的大型群众性活动，承办者不得擅自变更活动的时间、地点、内容或者扩大大型群众性活动的举办规模。

承办者变更大型群众性活动时间的，应当在原定举办活动时间之前向做出许可决定的公安机关申请变更，经公安机关同意方可变更。

承办者变更大型群众性活动地点、内容以及扩大大型群众性活动举办规模的，应当依照本条例的规定重新申请安全许可。

承办者取消举办大型群众性活动的，应当在原定举办活动时间之前书面告知做出安全许可决定的公安机关，并交回公安机关颁发的准予举办大型群众性活动的安全许可证件。

第十六条 对经安全许可的大型群众性活动，公安机关根据安全需要组织相应警力，维持活动现场周边的治安、交通秩序，预防和处置突发治安事件，查处违法犯罪活动。

第十七条 在大型群众性活动现场负责执行安全管理任务的公安机关工作人员，凭值勤证件进入大型群众性活动现场，依法履行安全管理职责。

公安机关和其他有关主管部门及其工作人员不得向承办者索取门票。

第十八条 承办者发现进入活动场所的人员达到核准数量时，应当立即停止验票；发现持有划定区域以外的门票或者持假票的人员，应当拒绝其入场并向活动现场的公安机关工作人员报告。

第十九条 在大型群众性活动举办过程中发生公共安全事故、治安案件的,安全责任人应当立即启动应急救援预案,并立即报告公安机关。

第四章 法律责任

第二十条 承办者擅自变更大型群众性活动的时间、地点、内容或者擅自扩大大型群众性活动的举办规模的,由公安机关处1万元以上5万元以下罚款;有违法所得的,没收违法所得。

未经公安机关安全许可的大型群众性活动由公安机关予以取缔,对承办者处10万元以上30万元以下罚款。

第二十一条 承办者或者大型群众性活动场所管理者违反本条例规定致使发生重大伤亡事故、治安案件或者造成其他严重后果构成犯罪的,依法追究刑事责任;尚不构成犯罪的,对安全责任人和其他直接责任人员依法给予处分、治安管理处罚,对单位处1万元以上5万元以下罚款。

第二十二条 在大型群众性活动举办过程中发生公共安全事故,安全责任人不立即启动应急救援预案或者不立即向公安机关报告的,由公安机关对安全责任人和其他直接责任人员处5 000元以上5万元以下罚款。

第二十三条 参加大型群众性活动的人员有违反本条例第九条规定行为的,由公安机关给予批评教育;有危害社会治安秩序、威胁公共安全行为的,公安机关可以将其强行带离现场,依法给予治安管理处罚;构成犯罪的,依法追究刑事责任。

第二十四条 有关主管部门的工作人员和直接负责的主管人员在履行大型群众性活动安全管理职责中,有滥用职权、玩忽职守、徇私舞弊行为的,依法给予处分;构成犯罪的,依法追究刑事责任。

第五章 附 则

第二十五条 县级以上各级人民政府、国务院部门直接举办的大型群众性活动的安全保卫工作,由举办活动的人民政府、国务院部门负责,不实行安全许可制度,但应当按照本条例的有关规定,责成或者会同有关公安机关制订更加严格的安全保卫工作方案,并组织实施。

第二十六条 本条例自 2007 年 10 月 1 日起施行。